D0546830

Sumario

Capítulo 1

Cómo Evaluar su Situación

Usted ya se ha dado cuenta de que necesita ayuda para resolver su situación financiera o pronto la necesitará. Comprar este libro es un primer paso muy importante para enfrentar y resolver sus problemas económicos.

A fin de saber verdaderamente qué debe hacer para resolver sus problemas, es necesario entender, en primer lugar, todos los aspectos de su situación. El hecho de saber que usted no tiene el dinero necesario para pagar todas sus deudas o que su informe de crédito es desfavorable no es suficiente. Tiene que sentarse a revisar todos sus documentos financieros y todas las cuentas pendientes para tener una idea clara respecto a lo que usted tiene, lo que usted debe y qué se debe hacer con el resto. También es importante, entender de qué manera se aplican las leyes en relación con sus cuentas. Dedique cierto tiempo para comprender los detalles respecto a sus finanzas y podrá tomar las medidas pertinentes para solucionar sus problemas y evitar que se repitan en el futuro.

Cómo Enfrentar Situaciones de Emergencia Relacionadas con las Deudas

Si usted está pasando por situaciones de emergencia relacionadas con sus deudas, es importante que tome medidas inmediatamente. Los casos que se pueden considerar de emergencia son desalojo de vivienda, embargo (repossession) del automóvil u otros asuntos que afectarán directa e inmediatamente a su vivienda, su salud o transporte. Si usted se encuentra en uno de estos problemas, contáctese con el acreedor inmediatamente e infórmele que quisiera establecer un plan de pagos. Explíquele que usted experimenta dificultades económicas y tiene el propósito de pagar sus cuentas. Obtenga el mejor plan que pueda e indique que usted está de acuerdo en cumplirlo. De tal manera dispondrá, al menos, de varios meses para intentar efectuar algunos cambios permanentes en cuanto a su situación general.

Si el acreedor no está dispuesto a acordar ningún plan de pago y usted va a perder su casa o su vehículo y por sí mismo no puede efectuar otros arreglos, considere la posibilidad de declararse en *bancarrota*. Al solicitar que se le apruebe una declaración de bancarrota, desde el momento de presentar su petición, todos los acreedores deben cesar sus gestiones para la cobranza de las deudas. También debe cesar todo proceso de desalojo o remate de la vivienda. Póngase en contacto con un abogado especializado en trámites de bancarrota. Cuando llame para obtener una cita, explíquele que usted lo llama por un asunto urgente y que debe presentar una petición tan pronto como sea posible.

Si tiene dificultades para pagar todas sus deudas y su situación es sumamente complicada, una de las tácticas a las que puede recurrir consiste en pedirles a los acreedores que le proporcionen la documentación relacionada con sus deudas. Bajo la *Ley Federal de Prácticas de Cobranzas Correctas* (FDCPA, siglas en inglés de *Federal Fair Debt Collection Practices Act*), usted tiene derecho a pedirle ese envío a cualquier acreedor, lo cual a menudo le toma varias semanas, permitiéndole a usted un poco más de tiempo para reunir cierta suma de dinero o establecer un plan adecuado.

Otras de las tácticas que utilizan algunos deudores incluyen mudarse sin indicar la nueva dirección y sin inscribirse para votar en el área de su nuevo domicilio; cerrar las cuentas bancarias y abrir otras en otro banco, etc. Estas tácticas sólo sirven para hacerle más difícil al acreedor la tarea de encontrarlo a usted, pero no reducen el volumen de sus deudas. Es más, sus deudas continuarán aumentando a medida que se acumulen los intereses.

Para evitar que sus tarjetas de crédito muestren sus cuentas como pendientes o atrasadas, haga los pagos mínimos. Así las cuentas se mantendrán al día y su reporte de crédito estará "limpio" (libre de cargos). Sin embargo, ésta es una solución temporaria porque el interés se seguirá acumulando y se sumará al saldo. Por eso, es necesario encontrar una solución permanente.

Panorama Respecto al Dinero que usted Debe

Junte todas su cuentas, incluidas las de servicios de electricidad y teléfonos, hipoteca o alquiler, tarjetas de crédito de bancos o tiendas, cuentas de médicos, préstamos para la compra de automóviles, préstamos estudiantiles, impuestos atrasados y otras cuentas o facturas. Asegúrese de contar con el estado de cuentas más actualizado de cada acreedor.

Después, junte todos los registros del dinero o los bienes que usted posea: cuentas corrientes y cuentas de ahorros, certificados de depósito (CDs), inversiones, cuentas de "credit unions," comprobantes de sueldos y salarios actualizados, información sobre los bienes que usted posea, vehículos y todo objeto de valor.

Una vez que haya reunido toda esta información, sepárela y organícela de manera tal que le sea fácil trabajar con esos documentos. Llene la hoja de trabajo de EVALUACIÓN DE DEUDAS, disponible al final del libro. (Véase el formulario 1, página 107.)

➡   Haga una lista de cada acreedor por separado.

➡   Ponga la cantidad total que usted debe, el pago mensual, la dirección y con quien tiene que contactarse en la columna correspondiente a cada acreedor.

➡   Calcule el total de los importes de los pagos mensuales y ponga al pie de la página los totales que usted debe.

Complete la hoja de trabajo para la EVALUACIÓN DE BIENES en la última parte del libro. (Véase el formulario 1, página 107.)

➡   Haga una lista con cada cuenta o artículo por separado.

➡   Anote el valor total de cada artículo.

➡   En cuanto a sueldos o salarios, escriba la cantidad mensual y la cantidad anual que lleva ganada.

➡   Asegúrese de incluir TODO el dinero que ingresa en su hogar, manutención infantil, pensión alimenticia, intereses, etc. Calcule todos los totales mensuales y anuales. Escriba dichos totales en las líneas respectivas.

➡   Escriba el total de los bienes netos al pie del formulario.

A continuación deberá usted comparar sus activos (bienes) y deudas, en la hoja de trabajo de EVALUACIÓN DE TOTALES. (Véase el formulario 1, página 107.)

➡   Transfiera los totales a los cuales haya llegado en las hojas de trabajo para la EVALUACIÓN DE BIENES y la EVALUACIÓN DE DEUDAS a las líneas de los ingresos mensuales y las deudas mensuales, y las líneas del total de bienes y el total de deudas. El total de sus deudas será, con casi absoluta certeza, mayor que el total de sus bienes. (No se alarme. Tal cosa les ocurre aun a personas que no experimentan problemas crediticios.)

➡   Compare sus ingresos mensuales con los pagos mínimos de las cuentas que usted debe, restando sus deudas de sus bienes. Escriba esa cantidad en la línea respectiva.

Observe el total de sus ingresos mensuales y siendo realista calcule cuánto dinero quisiera tener disponible y no sujeto a pagos mensuales. Esa es la meta que usted procurará lograr. Después de pagar la vivienda, los servicios básicos los gastos de automóvil y gastos varios, ¿cuánto quisiera que le sobrara?

Comprender que Tipo de Deudas Tiene

Antes de tomar medidas para mejorar su nivel de crédito o pagar todo el dinero que debe, es necesario examinar detenidamente cada una de sus deudas y entender qué tipo de deudas son. A cada tipo de acreedor hay que darle un trato distinto.

Préstamos con Garantía

Los préstamos con garantía, son préstamos en los cuales usted toma dinero prestado o compra cierto artículo y le da al acreedor un valor en garantía [collateral]. Un ejemplo al respecto son los préstamos para la compra de automóviles. Cuando usted toma un préstamo para comprar un carro, le otorga al acreedor el derecho de quitárselo si usted no paga el préstamo.

Préstamos sin Garantía

Los préstamos sin garantía son aquellos en los cuales el acreedor le presta dinero y no toma como garantía un valor que usted posea. Las tarjetas de crédito son préstamos sin garantía, a menos que se trate de una tarjeta para la cual la garantía sea el dinero en su cuenta bancaria (el acreedor puede quedarse con su cuenta bancaria si usted no paga el importe adeudado).

Préstamos Estudiantiles

Los préstamos estudiantiles son préstamos que generalmente se ofrecen a través de un banco o de una agencia de préstamos, y están respaldados por el gobierno. En caso de declararse en bancarrota, no lo podrán absolver del pago. Los préstamos estudiantiles a menudo son una fuente de problemas crediticios.

Hipoteca

Los préstamos en *hipoteca* son aquellos en los cuales usted compra una vivienda y pide prestado dinero a un banco. El banco le presta el dinero para pagar la casa pero retiene la casa como garantía. Usted no puede vender la casa sin devolver el dinero de la hipoteca y si usted deja de efectuar los pagos correspondientos, el banco puede tomar posesión de la propiedad, venderla y utilizar el dinero para pagar el préstamo.

Mantenga la Calma

Es posible que su situación crediticia o sus problemas económicos le estén ocasionando mucho estrés. A usted le preocupo cómo hacer frente a las deudas que tiene o cómo limpiar su historial crediticio, de manera que no le sigan denegando sus solicitudes de préstamos, tarjetas de crédito o hipotecas. Va a resultarle muy difícil comportarse de manera racional si el pánico se apodera de usted. Recuerde que usted va a lograr resolver sus problemas. Lea este libro y siga las sugerencias. Si toma medidas, se sentirá mucho más seguro de controlar la situación. Si le parece que el estrés que usted sufre es demasiado para poder enfrentarlo solo, consulte con un amigo o amiga, un sacerdote o un profesional de la salud mental.

Una de las reacciones más comunes ante los problemas crediticios y de deudas, consiste en hacer caso omiso de la situación. La gente no quiere ni ponerse a pensar en sus propios problemas. Les parece que al no referirse a un problema determinado, la situación no puede ser tan mala como parece. Evitar pensar en sus problemas no contribuye a resolverlos. Es necesario tomar medidas para solucionar sus problemas crediticios y de deudas. Cuanto antes los enfrente, antes podrán resolverse.

A mucha gente le da vergüenza enfrentarse a su situación. Se sienten demasiado abochornados para contactar con un acreedor y acordar un plan de pagos o pedirle ayuda económica a un familiar. Recuerde que los acreedores encuentran este tipo de problemas a diario y que no está solo. Es necesario dejar de lado sus sentimientos y tratar de solucionar estos problemas como si fueran los de otra persona. Observe la realidad y concéntrese en las medidas concretas que usted puede tomar para cambiar la situación. No se deje atrapar por las emociones. Concéntrese únicamente en resolver sus problemas.

Sus Derechos

El gobierno federal le otorga diversos derechos específicos destinados a protegerlo en lo que se refiere a sus deudas e informes crediticios. Cada estado le ofrece también diversos derechos. Consulte las leyes de su estado en la biblioteca pública local o en línea:

www.findlaw.com. Existen dos importantes leyes federales que usted debe conocer a fin de protegerse y ejercer sus derechos: la *Ley Federal Imparcial de Informes de Crédito* (Federal Fair Credit Reporting Act) y la *Ley Federal Imparcial de Prácticas de Cobranza* (Federal Fair Debt Collection Practices Act). Los derechos pertinentes se indican a continuación.

Ley Federal de Prácticas de Cobranzas Correctas

Esta ley (abreviada mediante las siglas en inglés FDCPA) establece detalles específicos respecto a la manera en que una agencia de cobranzas puede proceder respecto a usted y otras personas. Tenga en cuenta que esta ley, además de referirse a las agencias de cobranzas, se aplica también a las personas que actúan en función de cobradores de morosos.

Indicaciones respecto a la comunicación con usted

Las agencias de cobranzas o cobradores de morosos deberán comunicarse con su abogado. Sólo podrán contactar directamente con usted si usted les da permiso. No podrán contactarse con usted a horas inusuales o inconvenientes. (Deberán abstenerse de llamarlo antes de las 8 A.M. y después de las 9 P.M.) Tampoco podrán llamarlo a la empresa donde usted trabaja si sus jefes no lo autorizan a recibir ese tipo de llamadas telefónicas. Deberán abstenerse de llamarlo repetidamente y de llamar sin identificarse. No podrán llamarlo a cobro revertido (collect) ni llamarlo de manera que usted tenga que cubrir costo alguno por la llamada telefónica. No podrán decir que trabajan para la administración de la justicia ni que son abogados. No se les permitirá que a usted lo sometan a acoso, ni ninguna forma de opresión o abuso. No deberán amenazarlo con el uso de violencia o daños hacia usted o ninguna otra persona contra su reputación ni la de nadia.

No se autoriza el uso de lenguaje obsceno. Su nombre no puede publicarse en una lista de "clavos" (malos pagadores). Si una agencia de cobranzas u otro cobrador de morosos lo llama o le envía una comunicación, usted tiene derecho a indicarles que no lo vuelvan a llamar, en cuyo caso solamente podrán notificarlo por correo respecto al estado de su cuenta, en casos en que se le envíe a su abogado debido a que le entablen una demanda judicial.

Siempre que hable con un cobrador, pregúntele su nombre, y el nombre y la dirección de la agencia. Si usted cree que lo están tratando de manera contraria a la ley o si usted solicita que no lo llamen y lo vuelven a hacer, escríbale a la agencia quejándose por el trato.

Los cobradores no pueden mentir respecto a la suma de dinero que usted debe ni amenazarlo con tomar medidas que no tienen intenciones de tomar. No se permiten tampoco intentos incorrectos ni ofensivos para cobrar el dinero. Entre dichas prácticas pro-hibidas se incluyen añadir intereses o tasas que no sean parte de la deuda original, solicitar un cheque posdatado (con fecha futura) amenazándolo con una denuncia judicial, ni aceptar un cheque posdatado por más de cinco días a menos que lo notifiquen a usted entre tres y diez días antes de cobrarlo. Tampoco podrán depositar un cheque posdatado antes de la fecha escrita en el cheque.

Si usted le indica a una agencia de cobranza que no debe contactarlo nuevamente, solamente podrán comunicarse con usted para notificarlo de sus planes para demandarlo judicialmente o cesar todos sus pro-cedimientos de cobranza.

Correspondencia con usted
Cuando usted recibe correspondencia de una agencia de cobranzas, dicha correspondencia no debe parecerse

a documentos legales ni a la correspondencia de las dependencias gubernamentales. Tampoco deberá dar la impresión de haber sido enviada por un abogado. El sobre en el cual le envíen la correspondencia deberá ser un sobre en blanco y no podrá indicarse en el mismo nada que haga referencia a una agencia de cobranza o a una gestión de cobro.

Contacto con otras personas

Los cobradores deberán decir su nombre al ponerse en contacto con otras personas y declarar que están confirmando o corrigiendo datos sobre el domicilio o el empleo de usted. Si se les pregunta pueden decir para qué agencia trabajan. No podrán mencionar que usted tiene una deuda pendiente y no podrán llamar a nadie más de una vez, a menos que les hubieran dado información incorrecta o incompleta la primera vez.

Medidas que usted puede tomar

Si el acreedor infringe cualquiera de las disposiciones de esta ley, usted puede tomar medidas en su contra. No deje de conservar registros detallados y todas las constancias que pueda para documentar las infracciones. Si es posible deberá usted contar con un testigo, una persona que hubiera visto u oído al acreedor incurriendo en prácticas indebidas.

Envíe una carta al acreedor original y al Fiscal General del Estado (State Attorney General), indicando detalladamente la infracción. Deberá, asimismo, remitir una carta a la Comisión Federal de Comercio (Federal Trade Commission), dirigida a la oficina regional que figure en la guía telefónica, o en línea a: **www.ftc.gov**. Utilice la CARTA DE RECLAMACIÓN POR PRÁCTICAS DE COBRANZAS INCORRECTAS. (Véase el formulario 3, página 110.) Debido a este tipo de incidentes es posible que la totalidad de su deuda sea cancelada. Si a usted se le ha acosado, puede llevar su caso a un tribunal de reclamaciones por sumas pequeñas (small claims court) de la localidad donde usted vive, y presentar una demanda por daños y perjuicios (sufrimiento), además de daños punitivos por una cantidad máxima de $1000, a fin de castigar a la agencia de cobranzas por sus infracciones.

Ley Imparcial de Informes de Crédito

Esta ley se refiere a los informes crediticios y a las agencias que emiten dichos informes. La *Ley Imparcial de Informes Crédito* (FCRA, Fair Credit Reporting Act) establece las tarifas para el cobro de informes de crédito además de las situaciones en las cuales el consumidor puede obtener un informe gratis si le han rechazado su solicitud de crédito. El informe debe solicitarse dentro de los 60 días posteriores al rechazo de la solicitud de crédito o de empleo. La ley dispone también que si usted encuentra un error en el informe, puede reportarlo a la agencia que preparó el informe para que vuelvan a investigar el asunto sin cobrarle a usted cargos extra. Usted deberá recibir una respuesta en un plazo de 30 días. Si se descubre que hay datos incorrectos, éstos deberán ser eliminados o corregidos.

Se requiere que las agencias de crédito incluyan en su reporte un registro de todas las averiguaciones acerca de su crédito que hayen recibido en los últimos seis meses. Deberán incluir también una lista de todas las personas que hubieran comprado su informe de crédito durante los dos últimos años por razones de empleo y dentro del último año por otros motivos.

No se requiere que las agencias de informes crediticios divulguen sus puntajes de crédito ni su nivel de riesgo crediticio. Esos datos constituyen una evaluación interna que la agencia de informes de crédito elabora para establecer su credibilidad. Es como calificarlo por su historial de crédito. Se le proporciona a las empresas en las que usted solicita trabajo o a sus acreedores. Lamentablemente no se lo ofrecen a usted.

NOTA: En el momento de publicarse este libro, algunas de las agencias de informes crediticios planeaban comenzar a difundir el puntaje de crédito junto con los informes crediticios. En el momento de publicarse este libro esos datos todavía no estaban disponibles.

Tacticas de los Acreedores

Respecto a este punto, es muy importante entender en qué consiste un embargo o un descuento salarial.

Embargo/Retención de Sueldos o Salarios

Un *embargo salarial* (garnishment) ocurre cuando un tribunal registra un fallo contra usted y se le permite al acreedor descontarle una porción de su sueldo o salario para el pago de la deuda (consulte las leyes de su estado para determinar cuál es la cantidad máxima). Por otra parte, una *retención salarial* (wage assignment) se produce cuando el deudor esta de acuerde en que parte de su sueldo o salario se le envíe directamente al acreedor. ¡Jamás acepte nada similar! No se deje convencer por ningún acreedor de ninguna manera. Es fundamental que usted comprenda esto antes de seguir leyendo. Este tipo de propuestas surge en los comienzos de sus tratativas con los acreedores.

Embargo de Bienes

Es importante también comprender otra de las tácticas de los acreedores. El *embargo de bienes* se produce cuando un acreedor ha tomado como garantía un artículo que usted ha comprado. Tal cosa significa que el acreedor tiene el derecho de quedarse con dicho artículo si usted no efectúa los pagos de su préstamo. El ejemplo más común es el de los préstamos para automóviles. Al comprar un carro y tomar un préstamo, usted firma papeles en los cuales se indica qué tipo de bienes toma en garantía el acreedor. El embargo no es más que una manera de decir que el acreedor puede quitarle el automóvil.

La mejor manera de evitar el embargo consiste en efectuar los pagos del carro. Si usted no va a poder pagar una de las mensualidades, llame al acreedor y explíqueselo por adelantado. Si su problema para efectuar los pagos se prolonga, tendrá que hablar con el acreedor e intentar efectuar arreglos de pagos que le resulten posibles. Entre los posibles arreglos podría disponerse que usted efectúe varios pagos reducidos durante varios meses más una extensión del plazo para pagar el préstamo. De tal manera usted tendrá más tiempo para realizar sus pagos. Si aún así le resulta imposible pagar sus mensualidades, es probable que le embarguen el carro. Algunas personas pueden evitarlo manteniendo el automóvil en un lugar donde no pueda encontrarlo el acreedor. Esto significa que usted no podrá usarlo, porque su acreedor sabe donde usted vive y trabaja.

Si le embargan el automóvil deberá inmediatamente ponerse en contacto con el acreedor e intentar que acepte un plan de pagos y efectuar algunos pagos a fin de que se lo devuelvan. Sin embargo, tenga en cuenta de que después de embargarle el carro el acreedor ya no tendrá mayores incentivos para devolvérselo.

Si decide no hacer nada y permite que le embarguen el automóvil, recuerde que las cosas no son tan sencillas como parecen. Si le embargan el carro, el acreedor puede reclamarle pagos extra. También usted le deberá el resto del préstamo menos el valor actual del automóvil.

Si ya no puede efectuar los pagos del automóvil le será mejor negociar la devolución del vehículo. De tal manera podrá devolverles el carro voluntariamente y le costará menos dinero que si se lo embargan.

Tratativas con Agencias de Cobranzas

Las agencias de cobranzas son empresas que ganan dinero mediante el cobro de deudas. Esta función se cumple de dos maneras. Puede ocurrir que el deudor moroso acepte enviar el dinero a la agencia de cobranzas y pagar a la agencia un porcentaje de la cantidad cobrada o el acreedor puede vender el derecho a cobrar la deuda a la agencia y ésta se queda con el dinero que le cobre a usted. Los agentes de cobranzas que trabajan par la agencia cobran comisiones. Les pagan un porcentaje del dinero que le cobren a usted y por tal motivo tienen una poderosa motivación para lograr que usted pague. Las agencias de cobranzas tienen mala reputación y mucha gente las percibe como "tiburones" que molestan a la gente cuando están en sus hogares y en el trabajo y cobran el dinero de cualquier manera. En realidad la ley establece claramente lo que las agencias de cobranzas pueden hacer y lo que no pueden hacer.

Cuando usted decide hablar con una agencia de cobranzas debe recordar que está tratando con profesionales de la cobranza de deudas de morosos. No se deje convencer para pagar más de lo que usted puede. Sepa cuál es su límite (el monto máximo que puede pagar por mes) antes de hablar con el personal de la agencia. Tenga en cuenta que el cobrador o agente podrá parecer amable y amistoso y dar la impresión de que desea ayudarlo. No se lo crea. Las cobranzas son un gran negocio y usted es la única persona que puede proteger su propia situación financiera.

Capítulo 2

Explicaciones sobre su Informe Crediticio

Cuando otras personas dicen que tienen mal crédito, lo que quieren decir es que tienen una calificación crediticia desfavorable o determinados aspectos desfavorables en su informe crediticio, motivos por los cuales es difícil obtener nuevo crédito. Cuando usted se atrasa en los pagos o si le rechazan una solicitud de crédito, deberá examinar su informe crediticio. Es también aconsejable, como norma general, revisar su informe crediticio cada dos o tres años. Para mejorar su informe crediticio pueden hacerse muchas cosas, pero ninguna de ellas será posible si en primer lugar usted no obtiene su informe crediticio. Su informe crediticio es como su libreta de calificaciones escolares. Indica quién es usted ante los ojos de los burócratas. Para mejorar su situación es necesario que usted tenga toda la información financiera disponible acerca de usted. No se puede resolver, si no se sabe cuál es el problema.

Cuando usted obtenga su informe crediticio, será conveniente poner al día las cuentas que han sido cerradas o pagadas por completo y lograr que entre las cuentas existentes, figuren tantas como sea posible con una calificación positiva. De la misma manera, si resulta posible sería aconsejable mejorar las calificaciones neutras para que consten como positivas.

Agencias de Informes Crediticios

Las agencias de informes de crédito son grandes corporaciones que ganan dinero recopilando información financiera sobre los consumidores y vendíendosela a los posibles prestamistas o patronos. Toda persona que alguna vez haya solicitado un préstamo o crédito de tipo alguno tendrá un expediente de crédito en cada una de éstas principales agencias de informes crediticios. Es posible que la gente que paga todo en efectivo no tenga nada en su informe crediticio. Este informe crediticio se incluyen los datos personales del consumidor, además de su información sobre empleo, tarjetas de crédito y deudas personales.

¿De qué manera dichas agencias obtienen todos esos datos sobre usted? La información la obtienen de las solicitudes de crédito que usted haya presentado, además de los reportes que sus acreedores preparan sobre su cumplimiento de sus obligaciones financieras para ellos.

Los bancos o agencias de préstamo a menudo contratan a numerosas agencias de informes crediticios pequeñas para examinar e investigar historiales crediticios. Sin embargo, todas esas agencias obtienen sus datos a través de las mismas fuentes.

Se trata de estas tres agencias:

Equifax
P.O. Box 740241
Atlanta, GA 30374
800-685-1111
www.equifax.com

Experian
P.O. Box 2104
Allen, TN 75013-2104
888-397-3742
www.experian.com

Trans Union
P.O. Box 1000
Chester, PA 19022
800-888-4213
www.tuc.com

Por qué Tiene Importancia su Informe Crediticio

Su informe de crédito revela enteramente su vida financiera por escrito. Enumera su número de seguro social, su dirección actual y las anteriores, sus datos de empleo, préstamos, tarjetas de crédito, hipotecas y otros tipos de deudas. Muestra cuáles cuentas fueron pagadas en su totalidad, cuáles reflejan atrasos en los pagos, cuáles han sido remitidas a agencias de cobranzas o gestión de cobro de morosos, además de todo tipo de gravámenes en su contra o las declaraciones de bancarrota que usted haya presentado. Siempre que usted solicite un préstamo o una tarjeta de crédito, sus posibles acreedores examinarán su informe crediticio. En el informe se califica su nivel financiero y los acreedores lo utilizan para estudiar las posibilidades de que usted devuelva el dinero prestado.

Si en su informe crediticio figuran muchos pagos de cuenta atrasados, una declaración de bancarrota o más préstamos de los que usted puede pagar, usted tiene mal crédito y significa un riesgo para los posibles acreedores. Las empresas en las cuales usted solicita trabajo, las compañías de seguros y las entidades a cargo de vigilar la manutención infantil pueden obtener su informe crediticio. Dado que a usted lo evaluarán únicamente en base a su informe crediticio, deberá tomar las medidas necesarias para asegurarse de que figuren los datos correctos y que dichos datos sean tan positivos como sea posible.

Su Informe Crediticio

La manera más sencilla de obtener su informe crediticio consiste en ponerse en contacto con las agencias de informes crediticios por teléfono o Internet. Usted puede solicitar su informe en línea a Experian y Equifax. Equifax cuenta con un dispositivo en línea que le permitirá ver su informe crediticio en línea inmediatamente. Es conveniente también obtener el informe crediticio de cada una de las agencias que lo reportan, dado que los errores que aparecen en el informe de una de las agencias es posible que no figuren en el informe de otras agencias. Se le requerirá proporcionar datos tales como su nombre completo, fecha de nacimiento, nombre del cónyuge, dirección, número de seguro social, los números de sus tarjetas de crédito y la fecha de nacimiento para verificar su identidad. Utilice la CARTA PARA SOLICITAR INFORME CREDITICIO, a fin de solicitar que le remitan su informe por correo. (Véase el formulario 5, página 111.)

Deberá usted recordar que cuando usted solicita su informe crediticio usted solamente recibirá su propio informe. Si su cónyuge quisiera un informe crediticio, éste o ésta deberán solicitarlo por separado. Usted no está autorizado a obtener el informe de su cónyuge. Si cualquiera de ambos experimenta problemas de crédito, ambos deberán obtener sus respectivos informes de manera que puedan corregir todos los errores pertinentes.

Si a usted le han denegado una solicitud de crédito, de empleo, alquiler de vivienda o seguros sobre la base de su informe crediticio, usted podrá obtener un informe gratuito de cada una de las agencias dentro de los 60 días posteriores al rechazo de su solicitud. Consulte la tabla que se incluye a continuación a fin de determinar el costo de los informes crediticios en el estado donde usted reside.

Estado	_Costo_
California	$8
Colorado	un informe gratis por año
Connecticut	$5 más impuesto
Georgia	dos informes gratis por año
Maine	$3
Maryland	un informe gratis por año
Massachusetts	un informe gratis por año
Minnesota	$3
New Jersey	un informe gratis por año
Vermont	un informe gratis por año
Islas Vírgenes	$1
Todos los demás estados	$8.50–$9.00

Para el pago del informe crediticio se puede enviar un cheque o, lo cual resulta irónico, es posible cargar el importe a su tarjeta de crédito.

¿Qué es lo que Hay en un Informe Crediticio?

Su informe crediticio contiene datos personales sobre usted, incluidos su número de seguro social, su dirección actual y las direcciones anteriores, la empresa donde trabaja y sus empleos anteriores, y sus hipotecas, préstamos, tarjetas de crédito, acuerdos para pagos a plazos y registros de acceso público sobre usted tales como información sobre gravámenes y declaraciones de bancarrota actuales y anteriores. En el informe también consta si las cuentas que usted debe tienen atrasos de 30, 60 o 90 días. También se indica si usted se ha mudado sin notificar a un acreedor. (La designación que suele utilizarse en estos casos es SCNL.)

Los datos que se enumeran pueden ser positivos, negativos o neutros. Los datos negativos, como una cuenta cuyo plazo de pago haya vencido, pueden permanecer en su informe crediticio durante un máximo de siete años. Las bancarrotas pueden mantenerse en su informe durante un máximo de diez años. Sin embargo, si usted solicita un empleo con un sueldo anual de $75,000 o más, un crédito de $150,000 o más, o un seguro de vida por $150,000 o más, dichos datos negativos previamente mencionados seguirán apareciendo en su informe independientemente de la fecha en que se hayan originado.

Leer y Entender su Informe

Las tres agencias de informes crediticios presentan la información sobre crédito de manera diferente. Si usted les solicita informes a las tres compañías, seguramente no incluirán exactamente los mismos datos. Es frecuente que ciertas deudas se incluyan en el informe de una de las agencias pero no en el de otra. A fin de

examinar completamente su historial de crédito le será
necesario conseguir los informes crediticios de las tres
compañías.

NOTA: En el momento de imprimirse este libro, las
siguientes descripciones eran correctas en base a la
manera en que las agencias reportaban la información
en ese momento. No obstante, las compañías actual-
izan constantemente sus formularios y es posible que
los modifiquen en cualquier momento. Los formularios
siempre contienen la misma información básica, y las
modificaciones que se efectúen tienen como
propósito facilitar la lectura y la comprensión de los
formularios.

Equifax

El informe de Equifax es bastante fácil de leer. (Véase la
página 32.) El informe que se incluye en este capítulo
es el modelo que Equifax utiliza para explicar el
informe que envían por correo. (Se puede también
pedir que le envíen una versión en línea, la cual contiene los mismos datos pero organizados de manera un
poco diferente.)

- La primera parte incluye los datos de identificación personal básicos tales como direcciones

anteriores e historial de empleo.

■   Todos los registros públicos sobre sus deudas (incluidas las bancarrotas), gravámenes, sentencias, embargos salariales, préstamos con garantía, estado civil, asesoramiento financiero en el cual usted hubiera participado. Los remates y los demás datos que no impliquen responsabilidad se enumeran a continuación de los registros mencionados.

■   La próxima parte es una lista de todas las cuentas de usted que hubieran sido transferidas a una agencia de cobranzas o a gestión de cobro de morosos, indicando los números de cuentas, saldos, fecha en la cual se reportó el saldo, las últimas operaciones efectuadas, la fecha en que la cuenta fue transferida a una agencia de cobranzas y la situación respecto al cobro de la deuda.

■   A continuación figura una lista de acreedores. Se los enumera con el nombre de la compañía, número de cuenta, saldo de la cuenta (el total que usted debe), el estado de la cuenta y otros detalles. El estado de la cuenta indica si la cuenta se está pagando de la manera acordada, el número de días que tenga de atraso, o indicará si ha sido transferida a una agencia de cobranzas. Utilice los códigos que figuran al pie del modelo para entender lo referente al estado de la cuenta.

■   La sección siguiente es la de "Consultas sobre crédito." Se enumeran todas las compañías que hubieran efectuado averiguaciones crediticias sobre usted, ya sea porque en ese momento usted tuviera una cuenta con ellos, hubiera solicitado un empleo o presentado una solicitud de apertura de cuenta, o porque la compañía buscara información para determinar si les sería conveniente ofrecerle abrir una cuenta. Se indica la fecha en que se efectuó cada averiguación antes del nombre de cada compañía.

Cómo leer su informe crediticio

Dirija toda la correspondencia futura a: Credit Reporting Agency
Dirección Comercial
Ciudad, Estado 00000

MODELO DE INFORME CREDITICIO

Esta sección incluye su nombre, dirección actual, direcciones anteriores y otros datos para su identificación reportados por los acreedores.

Datos de identificación personal

Su nombre	No. de seguro social: 123-45-6789
123 Dirección actual	Fecha de nacimiento: 10 de abril de 1940
Ciudad, Estado 00000	

Dirección(direcciones) anterior(es)
456 Former Rd. Atlanta, GA 30000
P.O. Box XXXX, Savannah, GA 40000
Último empleo reportado: Ingeniero, Highway Planning

Esta sección incluye datos de registro público obtenidos a través de los tribunales locales, estatales y federales.

Gravamen solicitado en 03/93; Fulton CTY; No. de caso o equivalente-32114; cantidad-$26667; Clase-Estatal; difundido en 07/93; verificado en 07/93
Bancarrota solicitada en 12/92; Northern District Ct; No. de caso o equivalente-673HC12; Pasivo: $15787; Personal; Individual; Exonerado; Activo-$780
Demanda de sentencia presentada en 07/94; Fulton CTY; No. de caso o equivalente-0898872; Demandado-Consumidor; Cantidad-$8984; Demandante-ABC Real Estate; Satisfecha en 03/95; Verificada en 05/95

Esta sección incluye las cuentas que los acreedores hayan remitido a una agencia de cobranzas.

Información sobre cuentas transferidas a agencias de cobranzas

Pro Coll (800) xxx-xxxx

Datos sobre cobranzas reportados en 05/96; Transferida en 03/93 a Pro Coll (800) xxx-xxxx   Cliente – ABC Hospital; Cantidad-$978; Sin pagar; Saldo $978; Fecha del último movimiento 09/93; Cuenta individual; No. de cuenta 787652JC

Esta sección abarca cuentas abiertas y cerradas.

[1] El acreedor que reporta la información.
[2] El número de cuenta reportado por el acreedor que le concedió el crédito.
[3] Véase la explicación más abajo.
[4] El mes y el año en que el acreedor le abrió la cuenta.
[5] Número de meses en los cuales se reportó el historial de pagos de esta cuenta.
[6] Fecha del último pago.
[7] Cantidad más alta cargada o límite de crédito.
[8] Número de cuotas o pago mensual.
[9] La cantidad adeudada en la fecha del informe.
[10] La cantidad vencida en la fecha del informe.
[11] Véase la explicación más abajo.
[12] Fecha de la última puesta al día de la cuenta.

Información sobre cuentas de créditos

Nombre de la compañía	No. de cuent	Titular cuenta	Fecha de apertura	Meses	Fecha/ último movimiento	Cantidad más alta	Cuotas	Saldo	Venci d.	Estado	Fecha
[1]	[2]	[3]	[4]	[5]	[6]	[7]	[8]	[9]	[10]	[11]	[12]
Cadena de tiendas	2514	J	10/86	36	9/97	$950		$0		R1	10/97
Banco	1004735	A	11/86	24	5/97	$750		$0		I1	4/97
Compañía petrolera	541125	A	6/86	12	3/97	$500		$0		O1	4/97
Financiación de Automóviles	529778	I	5/85	48	12/96	$1100	$50	$300	$200	I5	4/97

Historial de pagos anterior: 3 veces con 30 días de retraso; 4 veces con 60 días de retraso; 2 veces con más de 90 días de retraso
Estado anterior: 01/97 – 12; 02/97 – 13; 03/97 – I4

Compañías que solicitaron su informe crediticio

09/06/97 Equifax – Difusión	08/27/97	Cadena de tiendas
07/29/97 PRM Tarjeta de banco	07/03/97	AM Tarjeta de banco
04/10/97 AR Cadena de tiendas	12/31/96	Equifax – Difusión ACIS
	123456789	

Esta sección incluye la lista de las empresas que han recibido su informe crediticio en los últimos 24 meses.

Titular de la cuenta	Estado	Tipo de cuenta	Las siguientes consultas o averiguaciones NO se reportan a las empresas
Indique quién es el responsable de la cuenta y el tipo de participación que usted tiene en la misma. J = Joint (conjunta) I = Individual U = Undesignated (sin designar) A = Autorized user (usuario autorizado) T = Terminated (cancelada) Cumplimiento del plazo de pago M = Maker (encargado) C = Co-Maker/Co-signer (co-encargado/co-signatario) B = On behalf of another person (en nombre de otra persona) S = Shared (compartida)	O = Open [abierta] = (cada mes se adeuda la totalidad del saldo) R = Revolving [rotatoria] = (cada mes se adeuda una suma variable) I = Installment [a plazos] = (número de pagos fijo) **Cumplimiento de los plazos de pago** 0 = Aprobada, sin utilizar; demasiado nueva para catalogarla. 1 = Pagos efectuados de acuerdo con las disposiciones acordadas. 2 = Plazo de pago vencido hace más de 30 días. 3 = Plazo de pago vencido hace más de 60 días. 4 = Plazo de pago vencido hace más de 90 días. 5 = Efectúa el pago transcurridos más de 120 días desde el vencimiento del plazo; o transferida a una agencia de cobranzas. 7 = Efectúa pagos regulares bajo el plan para asalariados u otro arreglo similar. 8 = Embargo de bienes. 9 = Suma cargada a la cuenta de deudas incobrables.	PRM – Este tipo de consulta significa que sólo su nombre y dirección a la empresa que otorga crédito a fin de enviarle una solicitud de crédito para que usted la llene. (Las consultas PRM permanecen en los archivos durante 12 meses.) AM o RM – Estas consultas indican una revisión periódica de su historial crediticio efectuada por uno de sus acreedores. (Las consultas AM o RM permanecen en los archivos durante 12 meses.) EQUIFAX, ACIS o UPDATE – Estas consultas indican la actividad de Equifax a pedido de usted, ya sea para remitirle una copia de su informe crediticio o investigar un asunto. PRM, AM, AR, Equifax, ACIS, Update y INQ – Estas consultas no aparecen en los informes crediticios que reciben las empresas; solamente aparecen en las copias que se le envien a usted.

Form 102631–8-98 USA

Creado por Equifax (reproducido con su autorización)

Preguntas Frecuentes Respecto a los Informes Crediticios

P: ¿Por qué rechazaron ustedes mi solicitud de crédito?
R: Las agencias de informes crediticios no recomiendan la aprobación ni el rechazo de su solicitud de crédito. Las compañías que otorgan crédito las que deciden en base a su historial de pagos y sus propios criterios.

P: ¿Las agencias de informes crediticios califican mis cuentas?
R: No. Lo único que hacemos es mantener registros. Cada acreedor nos reporta el estado de su cuenta según los pagos que usted haya efectuado.

P: ¿Cómo podría corregir un error en mi informe crediticio?
R: Complete el formulario de solicitud de investigación y proporcione la información detallada que usted considera correcta. A continuación averiguaremos con el acreedor, la agencia de cobranzas o la fuente de registros públicos para determinar si existen errores en los datos reportados. La información que no pueda verificarse se eliminará de su expediente. Si usted y un acreedor no están de acuerdo respecto a cualquier dato, usted tendrá que resolver el desacuerdo directamente con el acreedor, por ser éste la fuente de los datos proporcionados.

P: ¿Qué hay en mi informe crediticio que me impide obtener crédito?
R: No sabemos. Somos una agencia de informes crediticios y no otorgamos crédito. Cada empresa que otorga crédito establece sus propios criterios para tomar decisiones respecto al crédito. Es posible que su crédito parezca perfecto, pero tener demasiado crédito o demasiadas cuentas por pagar podrían ser dos de los tantos motivos por los cuales podrían rechazarle una solicitud. Algunas veces la decisión ni siquiera se basa en su informe crediticio. Por ejemplo podrían denegarle la solicitud si usted ha vivido en su domicilio actual durante poco tiempo, o es muy nuevo en la empresa donde trabaja. Si tiene dudas sobre los motivos por los cuales no le aprobaron un crédito, comuníquese con la empresa a la cual usted le presentó la solicitud.

P: ¿Por qué los datos sobre mi último empleo no están actualizados?
R: Lo que figura como último empleo reportado es, verdaderamente, el último empleo reportado por las compañías que otorgan crédito. La información sobre empleo generalmente es la que figura en las solicitudes de crédito y, por consiguiente, no las ponen al día muy seguido. Las empresas que conceden créditos o donde usted solicite trabajo no utilizan dichos datos para tomar decisiones, sólo se usan con propósitos demográficos.

P: ¿Qué es el puntaje crediticio?
R: El puntaje crediticio es un promedio que indica las probabilidades de que usted efectúe los pagos de un préstamo o tarjeta de crédito de la manera acordada. Se utiliza como predicción de su desempeño futuro. Es un dato que las empresas usan al evaluar su solicitud de crédito. Su puntaje crediticio puede basarse únicamente en la información que figura en el informe crediticio que emiten las agencias de informes crediticios. Otros puntajes pueden basarse en la combinación de la información crediticia y la información que usted incluya en su solicitud de crédito. Es posible que su desempeño anterior en el manejo del crédito se relacione con su desempeño crediticio en el futuro. Los puntajes crediticios no pueden predecir con certeza de qué manera una persona manejará su crédito. Solamente constituyen una previsión objetiva respecto a las probabilidades de que usted pague las cuentas dentro del plazo estipulado.

P: ¿El puntaje crediticio forma parte de mi informe crediticio?
R: El puntaje crediticio no forma parte del informe crediticio. Es un recurso que facilita la labor de la empresa que otorga el crédito durante la tramitación de la solicitud. El puntaje puede variar a medida que cambien sus datos respecto al crédito.

P: ¿Si tengo problemas de crédito, ¿dónde podría obtener asesoramiento y ayuda?
R: Hay varias organizaciones que ofrecen ayuda. Por ejemplo, Consumer Credit Counseling Service (CCCS) es una entidad sin fines de lucro que ofrece asesoramiento gratuito o bajo costo para ayudarle a la gente a resolver sus problemas económicos. El CCCS puede ayudarle a analizar su situación y buscar soluciones. En este país funcionan más de 600 oficinas del CCCS. Llame al 1-800-388-2227 y averigüe el número de teléfono de la oficina más cercana.

P: ¿Debería recurrir a una de esas compañías que prometen "arreglarme" el crédito?
R: Esa decisión debe tomarla usted mismo. Sin embargo, no olvide que dichas compañías no pueden quitar de su informe crediticio ningún dato que sea correcto. Muchas de las medidas que pueden tomar puede tomarlas usted mismo sin costo alguno o a un costo bajo.

Aviso:
Una vez que recibimos su pedido de que investiguemos un desacuerdo, en primer lugar revisamos y consideramos la información relevante que usted nos haya presentado, independientemente de la índole de su desacuerdo. Si la revisión no resuelve el desacuerdo y se requiere más investigación, remitimos una notificación respecto a su desacuerdo, incluida la información relevante que usted haya presentado, a la fuente que nos hubiera enviado a nosotros la información respecto al desacuerdo. Dicha fuente examina la información que nosotros proporcionamos, realiza una investigación respecto a la información cuestionada y nos reporta los resultados a nosotros. Nosotros, entonces, eliminamos o modificamos ciertos datos de su informe crediticio según la información apropiada basada en los resultados de la investigación. En la sección denominada "Results of Your Investigation" (resultados de su investigación) y la información apropiada basada en los resultados de la investigación. En la sección denominada "Results of Your Investigation" (resultados de su investigación) y la información apropiada pañia la copia del informe crediticio revisado que nosotros le enviamos, se incluyen el nombre, la dirección y, si se dispone dentro de los límites razonables, el número de teléfono de la(s) entidad(es) que proporcionan la información con las cuales contactamos a fin de investigar su desacuerdo.

Si aún así usted no está de acuerdo con un punto determinado después de que hubiera sido verificado, usted podrá remitirnos una declaración breve, de un máximo de 100 palabras (200 para los residentes en el estado de Maine) explicando la índole de su desacuerdo. Su declaración formará parte de su informe crediticio y constará en el mismo cada vez que se efectúe una consulta.

Si la re-investigación permite modificar o eliminar los datos que a usted le preocupan, o si usted remite una declaración de conformidad con el párrafo anterior, usted tiene derecho a solicitar que le enviemos la versión revisada de su informe crediticio a cualquier compañía que con cualquier propósito hubiera recibido su informe crediticio durante los últimos seis meses (12 meses para los residentes de Colorado, Nueva York, New Jersey y Maryland) y durante los últimos dos años cuando fuera con fines de empleo.

102631R-98 USA   *Creado por Equifax (reproducido con su autorización)*

Experian

El informe de Experian también es muy fácil de consultar. (Véase la página 38.)

- La primera página del informe incluye un resumen de su cuenta e indica cuantos datos potencialmente negativos se incluyen (registros públicos y cuentas con información desfavorable). También se indica el número de cuentas cuyo funcionamiento es correcto y están al día.

- A continuación, en las páginas dos y tres el informe enumera todas las cuentas que usted tiene o hubiera tenido. Los puntos negativos se incluyen al comienzo, con dos rayas (guiones) de cada lado del número de cada cuenta que figura en la lista. Las cuentas sin rayas están en buen estado. Se enumera cada cuenta por el nombre del acreedor y se proporciona también la dirección. A la derecha de la cuenta aparecen columnas con estos encabezamientos, los cuales significan lo siguiente:

  Fecha de apertura/reportada en. (Date opened/Reported since): Esta columna indica la fecha en que la cuenta se abrió por primera vez y a continuación indica la fecha más reciente en la que se reportó información sobre la cuenta.

Fecha del estado actual/último informe. (Date of status/Last reported): Esta columna indica el tipo de cuenta.

En cuanto al *tipo* (type) se indican dos modalidades: plazos o cuotas fijas (installment) o pagos variables (revolving). Las cuentas de tipo installment son aquellas para las cuales se requiere pagar cuotas mensuales. Las cuentas de tipo revolving son aquellas que funcionan como tarjetas de crédito, en las cuales la cantidad que debe pagarse varía según el uso de la cuenta.

En cuanto a plazos (terms), el informe indicará para cuantos meses se otorga el préstamo. Si es de tipo revolving se indicará N/A (no aplicable). La cuota mensual es la suma que usted está obligado a pagar cada mes.

Responsabilidad. (Responsibility): La próxima columna indica quién es responsable de la cuenta. Si es suya solamente es individual. Si tanto usted como su cónyuge son responsables se indicará que la cuenta es conjunta (joint). Otras posibilidades incluyen usuarios autorizados (si su cónyuge u otra persona abre la cuenta y lo autoriza a usted a recibir una tarjeta de crédito sobre la base de la misma cuenta, codeudor (cosigner), etc.

Límite de crédito o cantidad original/saldo más alto. (Credit limit or original amount/High balance): Su límite de crédito es el total máximo que en cualquier momento dado usted puede pedir prestado. Si se trata de un préstamo, se indicará la cantidad que originalmente usted tomó prestada. El saldo más alto es la mayor cantidad que figuró en su saldo y que usted ha debido por un mes.

Saldo más reciente/pago más reciente. (Recent balance/Recent payment): El saldo más reciente es la última cantidad reportada que usted debe. El pago más reciente indica el último pago reportado.

Observaciones. (Comentarios): En esta sección se incluyen observaciones con detalles sobre cuentas vencidas o atrasadas, indicaciones respecto a cuentas que nunca han tenido pagos atrasados, si determinada cuenta se pagó en su totalidad y fue cerrada, y durante cuánto tiempo la cuenta seguirá apareciendo en su informe crediticio.

■   La siguiente sección del informe de Experian ofrece más detalles sobre algunas de sus cuentas.

No todos los acreedores proporcionan información detallada y actualizada para esta sección, motivo por el cual no encontrará detalles de todas sus cuentas. Debajo del nombre y la dirección del acreedor hallará los datos respecto a sus límites de crédito anteriores y saldos más altos proporcionados por el acreedor. A la derecha figura su saldo en fechas diferentes.

- A continuación se incluye la sección en la cual se enumeran los acreedores que hubieran solicitado información sobre usted. La lista a la izquierda incluye las averiguaciones que se efectuaron en relación con algún trámite iniciado por usted, como presentar una solicitud de crédito, por ejemplo. La lista a la derecha enumera las averiguaciones que se realizaron sin que usted hubiera efectuado actividad alguna.

- Acto seguido, encontrará una sección en la cual se incluyen sus datos personales, nombre, dirección actual y direcciones anteriores, número de seguro social, fecha de nacimiento, nombre del cónyuge, empresa donde trabaja y otros datos.

	Preparado para	Fecha del informe	Página 1
	JOHN Q. CONSUMER	1 de junio de 1999	
	Informe número		
	1687771839		

Experian
PO Box 9595
Allen TX 75013-9595

Informe crediticio personal

Acerca de este informe

Experian reúne y organiza información sobre usted y su historial crediticio en base a los registros públicos, sus acreedores y otras fuentes fiables. Ponemos su historial crediticio a disposición de sus acreedores y patronos o posibles acreedores y patronos, de manera autorizada por la ley. No otorgamos crédito ni evaluamos su historial crediticio. Los datos personales sobre usted pueden remitirse a las compañías cuyos productos o servicios puedan interesarle.

Las decisiones importantes respecto a su valoración crediticia se basan en la información contenida en este informe. Es menester revisarla detenidamente para verificar que esté correcta.

Información que puede afectar su valoración crediticia

A continuación se incluye un resumen de los datos incluidos en este informe.

Datos potencialmente negativos incluidos
Datos de registro público 2
Cuentas de acreedores
y otras entidades 2
Cuentas al día
(en buen estado) 3

Si desea más información

Para plantear cualquier duda respecto a este informe, llámenos al:
1-800-XXX-XXXX, lunes a viernes de 9am – 5 pm (hora de la ciudad donde usted reside)

Para adquirir más información respecto a Experian u otros datos útiles, incluidos consejos para mejorar su nivel de crédito, visite nuestro sitio web:
http://www.experian.com

```
*********** 5-DIGIT 9001
8909 2 AV D 483 F 789 **
JOHN Q. CONSUMER
123 MAIN STREET
ANYTOWN CA 90001-9999
```

Imprimir: Al imprimir el exjemplo del informe crediticio de J.Q. Consumer, le sugerimos que en la sección de "properties" del "printer setup" de su computadora seleccione la opción "landscape" (impresión horizontal).

Preparado para
JOHN Q. CONSUMER
Informe número
1687771839

Fecha del informe
1 de junio de 1999
¿Preguntas?
Llame al 1-800-XXX-XXXX

Página 2

Información que afecta su valoración crediticia

Los puntos que aparecen con una rayita antes y después del número, por ejemplo -1-, pueden ejercer consecuencias potencialmente negativas respecto a futuras extensiones de su crédito y en el informe figuran en primer lugar.

Las empresas que otorgan crédito pueden examinar detenidamente los puntos incluidos a continuación al examinar su historial crediticio. Observe que la información sobre la cuenta relacionada con algunos registros públicos, como bancarrotas, por ejemplo, aparecen también en este informe.

Su declaración

Por pedido suyo, hemos incluido la siguiente declaración cada vez que se ha solicitado su informe crediticio.

"Mi identificación ha sido utilizada sin que yo lo autorice en solicitudes de crédito. Antes de aprobar créditos a mi nombre llame al 999-999 9999".

Información sobre usted que figura en registros públicos

Fuente/número de identificación	No. de ubicación	Fecha de inicio/fecha de resolución	Responsabilidad	Cantidad reclamada/ cantidad de la cual es responsable	Observaciones
-1- **Holly CO DIST CT** 305 MAIN STREET HOLLY NJ 08060	B312P7659	3-1997/ NA	Conjunta	$3,756/ NA	Tipo: Demanda judicial civil, sentencia dictada.Demandante: Dime Savings. Este punto se mantendrá en los registros hasta 3-2004. Este punto se verificó en 8-1997 y sigue sin cambios.
-2- **BROWN TOWN HALL** 10 COURT ST BROWN NJ 02809	BK443PG14	11-1997/ 10-1998	Conjunta	$57,786/ NA	Estado: Exhonerado por bancarrota, capítulo 7. Este punto permanecerá en los registros hasta 1-2007. Este punto fue verificado en 8-1997 y sigue sin cambios.

Preparado para
JOHN Q. CONSUMER
Informe número
1687771839

Fecha del informe
1 de junio de 1999
¿Preguntas?
Llame al 1-800-XXX-XXXX

Página 3

Página 3

Información crediticia sobre usted

Fuente/número de cuenta (excepto las últimas cifras)	Fecha de apertura reportaje desde	Fecha de estado/ último reporte	Tipo/plazo/ pago mensual	Responsabilidad	Límite de crédito o cantidad original/ saldo más alto	Saldo reciente/ pago reciente	Observaciones
-3- FIDELITY BK NA 300 FIDELITY PLAZA NORTHSHORE NJ 08902 46576000024....	6-1994/ 6-1994	12-1996/ 12-1996	Plazos/10 meses/$0	Individual	$4,549/ NA	$4,549 en 12-1996/	Estado: con cargo. $4,549 eliminados en 12-1996. Esta cuenta permanecerá en los registros hasta 12-1996
-4- B.B. CREDIT 35 WASHINGTON ST. DEDHAM MA 547631236	10-1990/ 4-1995	4-1998/ 4-1998	Plazos/80 meses/$34	Individual	$8,500/ $8,500	$0 en 4-1998/$34	Estado: Deuda reincluida en bancarrota, capítulo 7. $389 exhonerados en 3-1998. Historial de la cuenta: Agencia de cobranzas desde 9-1995 a 6-1996 90 días de retraso en 7-1995 60 días de retraso en 11-1994, 6-1995 30 días de retraso en 9-1994, 1-1995 y 2 veces más Esta cuenta permanecerá en los registros hasta 2-2001 Este punto fue verificado y actualizado en 6-1996

Acreedor original: Bally's Health Club/Personal Services

experian

Preparado para
JOHN Q. CONSUMER
Informe número
1687771839

Fecha del informe
1 de junio de 1999
¿Preguntas?
Llame al 1-800-XXX-XXXX

Página 4

Página 4

Información crediticia sobre usted (continuación)

Fuente/número de cuenta (excepto las últimas cifras)	Fecha de apertura reportaje desde	Fecha de estado/ último reporte	Tipo/plazo/ pago mensual	Responsabilidad	Límite de crédito o cantidad original/ saldo más alto	Saldo reciente/ pago reciente	Observaciones
5 **FIRST CREDIT UNION** 78 WASHINGTON LN LANEVILL TX 76362 129474 Hipoteca: 74848347834	3-1996/ 3-1996	11-1998/ 11-1998	Plazos/48 meses/$420		$17,856/ NA	$0 en 11-1998/ $420	Estado: abierta/ sin retrasos
AMERICA FINANCE CORP PO BOX 8633 COLLEY IL 60126 6376001172....	6-1993/ 7-1993	11-1998/ 11-1998	Rotatoria/ NA/$400		$0/ $18,251	$0 en 1-1998/	Estado: tarjeta perdida o robada. Esta cuenta permanecerá en los registros hasta 11-2000.
NATIONAL CREDIT CARD 100 THE PLAZA LANEVILLE NJ 08905 420000638....	6-1993/ 6-1993	11-1998/ 11-1998	Rotatoria/ NA/$0	Conjunta con JANE CONSUMER		$0 en 11-1998	Estado: abierta/ sin retrasos.

Comprada a CITIBANK VISA

Preparado para
JOHN Q. CONSUMER
Informe número
1687771839

Fecha del informe
1 de junio de 1999
¿Preguntas?
Llame al 1-800-XXX-XXXX

Página 5

Uso de su crédito

La información que se indica a continuación proporciona detalles adicionales respecto a sus cuentas, incluidos hasta 24 meses del historial de sus saldos y límites de crédito, saldos más altos y cantidad original del préstamo. A Experian no le reportan toda la información sobre los saldos, motivo por el cual es posible que no aparezcan algunas de sus cuentas. Asimismo, es posible que algunos acreedores actualicen los datos más de una vez en el mismo mes.

Fuente/número de cuenta   Fecha/saldo

---

6 AMERICA FINANCE CO CORP 11-1998/$0 10-1998/$4,329 8-1998/$0 5-1998/$0 2-1998/$250 1-1998/$0 12-1997/$2,951
6376001172...... 9-1997/$3,451 7-1997/$4,251 5-1997/$4,651 2-1997/$5,451 1-1997/$5,851; 12-1996/$6,251
11-1996/$6,651 9-1996/$7,051 7-1996/$7,451 5-1996/$7,852 3-1996/$8,251 1-1996/$12,651
12-1995/$9,051 11-1995/$9,451 9-1995/$10,251 7-1995/$10,651 5-1995/$11,051

Entre 1-1994 y 11-1998 se
desconocía su límite de crédito.

---

7 NATIONAL CREDIT CARD 11-1998/$0 9-1998/$542 7-1998/$300 6-1998/$686 4-1998/$1,400 3-1998/$2,500
420000638... 1-1998/$2,774 12-1997/$599 9-1997/$873 7-1997/$1,413 5-1997/$1,765 4-1997/$2,387
3-1997/$3,400 2-1997/$3,212 1-1997/$4,412 12-1996/$2,453 10-1996/$2,453 10-1996/$1,769
8-1996/$1,200 4-1996/$3,200 2-1996/$4,568 1-1996/$5,582 12-1995/$3,000 10-1995/$3,200
8-1995/$4,500

Entre 6-1993 y 11-1998 su límite de
crédito ascendía a $8,000.

Página 6

Preparado para
JOHN Q. CONSUMER
Informe número
1687771839

Fecha del informe
1 de junio de 1999
¿Preguntas?
Llame al 1-800-XXX-XXXX

Página 6

Otras personas que han solicitado información sobre su historial de crédito

A continuación se incluyen las entidades a las cuales recientemente les hemos enviado información sobre su historial de crédito.

Solicitudes presentadas por usted

Usted tomó ciertas medidas, tales como completar una solicitud de crédito, que les permitieron a las siguientes empresas adquirir información sobre usted. Recuerde que los siguientes datos forman parte del historial de crédito y se incluye en los informes crediticios que les hemos remitido a otras entidades.

Fuente	Fecha	Observaciones
ABC MORTGAGE 64 MAPLE ROSEVILLE MD 02849	10-18-1998	Préstamo par vivienda de $214,000 en nombre de State Bank con un plazo de pago de 30 cuotas. Esta consulta permanecerá en sus archivos hasta 10-2000.

Otras solicitudes

Es posible que usted no haya presentado las siguientes solicitudes para consultar su historial de crédito, por tal motivo quizá no reconozca a todas las fuentes. Les ofrecemos información crediticia a las empresas que tengan propósitos permisibles, por ejemplo:

- otros acreedores que desean ofrecerle crédito preaprobado, o una empresa interesada en remitirle una oferta de trabajo;
- un posible inversionista que desea evaluar los riesgos de una obligación financiera actual;
- Experian Consumer Assistance, para tramitarle a usted un informe;
- sus acreedores actuales, a fin de llevar un control de sus cuentas (la fecha indicada puede reflejar solamente la solicitud más reciente).

Lo informamos a usted sobre estas solicitudes como registro de movimientos, y no incluimos ninguna de estas solicitudes de datos en los informes crediticios que proporcionamos a otras entidades.

Fuentes	Fecha
EXPERIAN PO BOX 949 ALLEN TX 75013	3-99
WORLD BANK 4578 DRIVE NORTH YORKVILLE NY 03939	3-99, 12-98, 9-98, 6-98, 3-98, 12-97, 9-97, 6-97, 3-97
FIDELITY BK NA 300 FIDELITY PLAZA NORTHSHORE NJ 08902	1-99, 7-98, 1-98, 7-97, 1-97
NATIONAL CREDIT CARD 100 THE PLAZA LANEVILLE NJ 08905	7-97, 2-97

Preparado para
JOHN Q. CONSUMER
Informe número
1687771839

Fecha del informe
1 de junio de 1999
¿Preguntas?
Llame al 1-800-XXX-XXXX

Página 7

Datos personales sobre usted

La siguiente información relacionada con sus registros nos ha sido reportada por usted, sus acreedores y otras fuentes. En el marco de nuestro programa de prevención del fraude, es posible que aparezca en su informe un aviso con información adicional.

Nombres

John Q. Consumer
John Consumer
Jack Q. Consumer

Domicilio

En nuestros registros consta que en la actualidad usted es propietario de su vivienda. El código geográfico con cada dirección identifica el estado, el país, los datos del censo, el grupo de bloques y las Estadísticas del Área Metropolitana relacionadas con cada dirección.

Dirección	Tipo de vivienda	Código geográfico
123 Main Street Anytown, CA 90001	NA	23-914-629331-1-1234
7 Buckingham Drive Southwick, MA 01077	Vivienda unifamiliar	14-167-353800-6-6464
125 Main Street, Apt. 305 Westfield, MA 01085	Bloque de apartamentos	75-344-896002-9-7436
86 Avenue B Belchertown, MA 01007	Vivienda unifamiliar	73-334-9921145-4-4747

Variantes del número de seguro social

Como medida de seguridad no incluimos el número de seguro social que usted nos proporcionó cuando usted nos contactó.

018-38-6414
020-44-3032

Fecha de nacimiento

9/27/1959

No. de licencia de manejo

CA X123456

Números de teléfono

999 999 9999 (particular)
999 999 9009
999 999 8888

Nombre del cónyuge

Jane

Muestra

Empleos

ABC Corporation
456 Main Street
Anytown, CA 90001

City of Newton

Avisos

La Administración del Seguro Social indicó que el número de seguro social que usted nos proporcionó cuando nos contactó pertenece a una persona fallecida.

El número de seguro social que usted nos proporcionó cuando nos contactó no ha sido emitido por la Administración del Seguro Social.

El número de seguro social que usted nos proporcionó cuando nos contactó indica que se había establecido crédito antes de que se emitiera el número.

El número de seguro social que usted nos proporcionó cuando nos contactó no cumple los requisitos formales de la Administración del Seguro Social.

Preparado para
JOHN Q. CONSUMER
Informe número
1687771839

Fecha del informe
1 de junio de 1999
¿Preguntas?
Llame al 1-800-XXX-XXXX

Página 8

Trans Union

A primera vista, el informe de Trans Union no parece fácil de leer. Aparecen muchas palabras y números "apretados" en cada página. Sin embargo, si usted lo lee despacio y lo examina detenidamente, se dará cuenta de que es bastante sencillo de leer y comprender.

■ El comienzo del informe indica su nombre y dirección actual.

■ Luego detalla previas direcciones suyas y su historial de empleo.

■ La siguiente sección del informe se refiere a las cuentas en las que aparece información negativa sobre usted. La información que se considera negativa aparece entre los signos (><) para que pueda encontrarse fácilmente.

■ Después de las cuentas con información negativa figuran las cuentas con información neutra o positiva. Todas las cuentas se incluyen de la misma manera. El nombre del acreedor aparece a la izquierda, junto a él se incluye el número de cuenta y una descripción sobre el tipo de cuenta.

■   La siguiente línea indica la fecha en que se reportó información sobre la cuenta o la fecha en que fue actualizada y el saldo en tales fechas. A la derecha consta la información respecto a quién es responsable de la cuenta, indicando si es individual, conjunta, etc.

■   La línea a continuación indica cuándo se abrió la cuenta y la suma más alta a la cual ascendió su deuda en un momento dado. Después de estos datos se describen las condiciones de pago y también puede aparecer el límite de crédito.

■   La línea siguiente incluye el estado de la cuenta en el último día que hubiera sido reportada. La línea a continuación proporciona alguna información sobre pagos vencidos o atrasados.

■   Después de la lista de todas sus cuentas encontrará una lista de las personas que han recibido su informe crediticio a pedido suyo (incluida su solicitud de que le remitan una copia a usted, lo cual se indica con las iniciales "TU").

■   La próxima sección indica las compañías que recibieron información limitada sobre usted a fin de intentar venderle bienes o servicios.

■   La última sección incluye las compañías que solicitaron información actualizada sobre usted.

NOTA: En el momento de publicarse este libro, Trans Union estaba preparando los cambios necesarios para que el formato de su informe crediticio sea más fácil de utilizar para los consumidores.

Si usted todavía no comprende algunos aspectos de su propio informe crediticio, no dude en llamar a la compañía que lo preparó. Las agencias de informes crediticios no son sus acreedores y si usted se pone en contacto con ellas por teléfono no lo acosarán para que les envíe dinero. Llame y pídales que le expliquen los aspectos del informe que usted no entiende.

Su Cónyuge y su Informe Crediticio

Desde el punto de vista del crédito, se considera que usted y su cónyuge son dos entidades separadas. No obstante, ustedes tienen el derecho de disponer que la información de ambos aparezca en el informe crediticio de cada uno, lo cual podría ser conveniente si el nivel de crédito de uno de ustedes es pobre y el del otro es excelente. Para solicitar este tipo de medida a la agencia correspondiente, utilice la CARTA PARA

Solicitar la Fusión de su Informe Crediticio con el de su Cónyuge. (Véase formulario 6, página 112.)

Usted también tiene derecho a que los informes negativos de uno de los cónyuges sean eliminados del expediente del otro cónyuge. Si su cónyuge tiene un crédito terrible y se refleja en el informe de usted, tendrá que solicitar que los datos de su cónyuge se eliminen de su propio informe. En ese caso le sería posible utilizar su buen crédito para solicitar los préstamos y tarjetas de crédito que pudieran reportarles beneficios a ambos.

Notas

_____

_____

_____

_____

_____

_____

_____

_____

_____

_____

_____

_____

_____

_____

_____

_____

_____

_____

_____

_____

_____

_____

_____

_____

Capítulo 3

Cómo Corregir su Informe Crediticio

Ahora que está familiarizado con el contenido de un informe crediticio y sabe cómo leerlo y entenderlo, usted deberá leer el suyo muy cuidadosamente. Organice toda la información sobre deudas que usó para completar la hoja de trabajo de EVALUACIÓN DE DEUDAS. Compare su información con los datos de sus tres informes crediticios separados. Revise todos los datos, incluyendo números de cuenta, saldos elevados y fechas de pago. Para comparar parte de esta información usted deberá revisar sus archivos. Si los artículos en el informe son favorables, no se preocupe mucho por verificarlos. Si son negativos, examinar cada uno de ellos para detectar errores.

Discrepancias Respecto a una Factura de Tarjeta de Crédito

Si encuentra errores en su factura de tarjeta de crédito más reciente, usted deberá:

- comunicarse directamente con su compañía de tarjetas de crédito—y no la agencia de informes crediticios. (Las agencias de informes crediticios no tramitan estos asuntos.);

- enviar una CARTA A UN ACREEDOR RESPECTO A UN ERROR DE FACTURACIÓN. (Consulte el formulario 7, página 113.) Estos casos no se pueden resolver con una llamada telefónica; usted deberá escribir esta carta para estar cubierto por el Decreto de Facturación de Crédito Apropiada en esta situación;

- enviar la carta dentro de un período de 60 días a partir de la fecha de la factura; y,

- enviar la carta por correo certificado con solicitud de acuso de recibo. (El acreedor tiene 30 días para acusar recibo de su carta.)

Usted puede retener el pago por un artículo disputado en la factura de tarjeta de crédito (no toda la factura de tarjeta de crédito—sólo el artículo disputado). Usted debe:

- intentar primero resolver la discrepancia en la facturación con la tienda en la que adquirió el artículo. (El cargo debe ser de más de $50.);

- informar por escrito a la compañía de tarjetas de crédito sobre la discrepancia, y la tienda debe estar ubicada dentro de un radio de 100 millas con respecto a su lugar de residencia o estar situada en su estado (Decreto de Facturación de Crédito Apropiada). La compañía de tarjetas de crédito no puede reportar su cuenta como cuenta morosa mientras la disputa esté siendo procesada, y debe resolver la disputa dentro de un período de dos ciclos de facturación (o 90 días). Recuerde que debe enviar toda la correspondencia a la dirección de servicio al cliente y no a la dirección para el envío de pagos; y,

- llamar y solicitar esta dirección si no la puede encontrar en su factura.

Cómo Corregir su Informe Crediticio

Después de obtener una copia de su informe crediticio, usted debe revisarla cuidadosamente para detectar errores, información no actualizada, y datos erróneos. Los errores abundan en los informes crediticios, de modo que no debe suponer que el suyo es correcto sin antes revisarlo completamente.

Si ha identificado cualquier punto en su informe crediticio que usted cree que no está actualizado o es erróneo, tiene el derecho de disputarlo bajo la Ley de Informes Crediticios Apropiados. Se le permite disputar cualquier punto que crea razonablemente que está equivocado o incompleto. Para discrepar con un punto, debe enviar una carta a la agencia de crédito por correo certificado.

NOTA: Acuérdese de mantener un registro de toda la correspondencia y llamadas telefónicas. (Consulte el formulario 8, página 114.)

Frecuentemente, las agencias de informes crediticios adjuntan un formulario llamado *Solicitud de Reinvestigación* a su informe crediticio. Usted puede usar este formulario para anotar puntos que desea disputar, o puede enviar una carta, como por ejemplo la CARTA PARA SOLICITAR QUE SE CORRIJA UN ERROR EN EL

INFORME CREDITICIO. (Consulte el formulario 9, página 115.) Es preferible no disputar más de tres puntos en una carta. Si desea disputar más de tres puntos, use cartas separadas para cada grupo de tres. Una lista larga de disputas podría hacerle pensar a la agencia que usted no es una persona seria y que lo cuestiona todo sólo para crear problemas.

En la mayoría de los estados, la agencia tiene 30 días para comunicarse con usted después de recibir su carta. (En Colorado, Connecticut y Massachusetts, la agencia tiene cinco días para investigar, y en Maine y Maryland dispone de 10 días. Louisiana le otorga 45 días a la agencia.) Al enviar su carta o formulario, asegúrese de incluir cualquier copia de documentos que respalden su reclamación. A usted no le cuesta nada disputar su informe crediticio. Este es su derecho legal, de manera que, ¡no tema ejercerlo!

La agencia debe comunicarse con el acreedor cuyo punto usted está disputando y tomar en consideración la información y la documentación que recibió de usted. Una vez que han sido revisados los datos, la agencia debe:

■   darle los resultados de la reinvestigación dentro de cinco días a partir de la finalización;

- eliminar el punto que disputa si usted tiene razón, o si no se puede verificar. (La mayoría de los acreedores destruyen los expedientes después de 25 meses, de modo que es muy posible que el artículo que está disputando ya no pueda ser verificado.);

- asegurarse de que un punto que fue corregido no reaparecerá incorrectamente en su informe; y,

- proporcionarle una copia de su informe corregido.

Si la agencia determina que el punto en desacuerdo es correcto y que usted está equivocado, dicho punto permanecerá en el informe.

Si su informe es corregido, la agencia debe enviar una copia del informe corregido a cualquier acreedor que haya solicitado su informe durante el último año y a cualquier empresa que lo haya solicitado durante los últimos dos años en relación con una gestión de empleo.

Espere unos meses después de que su informe crediticio haya sido corregido y luego solicite una copia del mismo. Verifique que el error fue corregido y que no reaparece. Si ha reaparecido (y esto ocurre de vez en cuando), envíe una carta indicando este hecho a la agencia de informes de crédito detallando el historial del caso.

Discrepancias Después de una Reinvestigación

Si la agencia de crédito determina que un punto que usted disputa es correcto, ésta no eliminará el dato. Si usted aún cree que el punto está equivocado, existen pasos adicionales que puede tomar para tratar de que lo eliminen.

Primero, comuníquese con el acreedor que corresponde al punto en disputa. Haga esto por escrito, usando la CARTA A UN ACREEDOR CON RESPECTO A DATOS INCORRECTOS EN EL INFORME CREDITICIO. Envíe esta carta al departamento de servicio al cliente o, si lo desea, al director de marketing y al presidente o CEO de la compañía. También envíe una copia de la carta a la agencia de informes crediticios. Dé seguimiento a la carta con llamadas telefónicas o visitas en persona a la oficina de servicio al cliente.

Usted no le está pidiendo un favor al acreedor, sino que más bien le está exigiendo que cumpla la *Ley Imparcial de Informes de Crédito* (FCRA, por sus siglas en inglés), que requiere que el acreedor proporcione la información correcta a las agencias de informes crediticios cada vez que se le indique que ha reportado información incorrecta. Insista en que se dé cumplimiento a la ley.

Obtenga cualquier corrección del acreedor por escrito y envíela usted mismo a la agencia de informes crediticios. No se atenga a que el acreedor envíe esta información.

Si el acreedor no está dispuesto a dialogar o resolver su problema, entonces usted debe contactar a la agencia de informes crediticios y pedirle que se encargue de esta disputa. Esta agencia paga los gastos necesarios para mantener un departamento de servicio al cliente que ayude a los clientes a resolver las discrepancias. Si aún así no logra nada, usted deberá contratar a un abogado para presentar una demanda judicial.

Si está disputando un punto en su informe crediticio referente a un fallo en su contra que ha pagado en su totalidad, usted deberá obtener una exoneración del fallo por parte del acreedor que lo demandó. Use la Carta para Solicitar una Exoneración, y envíela por correo al acreedor. (Consulte el formulario 10, página 116.) Después de recibir la exoneración, regístrela con el tribunal en el que se decidió su caso y también envíe una copia de la misma a la agencia de informes crediticios y solicite que eliminen el fallo jurídico de su informe.

Cómo Añadir Cuentas a su Informe Crediticio

Al revisar sus informes crediticios, es posible que haya averiguado que tiene cuentas que no fueron incluidas en un informe. Si está tratando de crear un informe crediticio positivo, es posible que usted desee pedirle a las agencias de informes crediticios que incluyan estas cuentas en sus informes. Para hacerlo, envíe la CARTA PARA SOLICITAR LA INCLUSIÓN DE CUENTAS a la agencia de informes crediticios junto con copias de sus estados de cuenta recientes de las cuentas que desea incluir. (Consulte el formulario 11, página 117.) Es posible que le cobren un cargo por esto y no hay nada que obligue a las agencias a cumplir con su solicitud de incluir las cuentas.

También es posible que usted desee comunicarse directamente con los acreedores correspondientes para solicitarles que proporcionen la información a las agencias de informes crediticios.

Si su informe crediticio omite información personal sobre usted, debe enviar la CARTA PARA SOLICITAR QUE

SE AÑADA INFORMACIÓN. (Consulte el formulario 12, página 118.) Tal vez desee solicitar que también se incluya información actualizada con respecto a su empleo, residencias anteriores y actuales, número de teléfono, fecha de nacimiento, número de Seguro Social, cuentas bancarias e inversiones. Este tipo de información podría revelar que usted es una persona estable y mejorar su clasificación de crédito. Las agencias no están obligadas a agregar este tipo de información, pero frecuentemente lo hacen si usted lo solicita. Usted debe adjuntar algo que verifique la información que está proporcionando, como por ejemplo una copia de su licencia de conducir, su tarjeta de Seguro Social, etc.

Cómo Agregar una Declaración a su Informe Crediticio

Usted tiene el derecho de agregar una declaración de 100 palabras a su informe crediticio para explicar algo en él o para señalar un error que la agencia de crédito no está dispuesta a corregir. Es necesario tomar en cuenta que, aunque la agencia debe aceptar dicha declaración, ésta no está obligada a incluir todo el texto y podría incluir únicamente un resumen de lo que usted ha escrito. Es importante entender que los acreedores frecuentemente hacen caso omiso de este tipo de declaración y que la declaración podría terminar permaneciendo en su expediente aún después de que se elimine el punto que usted está explicando o disputando.

Demandas a una Agencia de Crédito

Es posible que usted solicite algunas veces una reinvestigación de un punto incorrecto y que la agencia de crédito no efectúe una reinvestigación o deje el punto incorrecto en su informe a pesar de que una reinvestigación haya demostrado que es incorrecto. Si usted sufre daños serios debido a ello (como por ejemplo si le rechazan un préstamo hipotecario o no lo contratan para un empleo), la *Ley Imparcial de Informes de Crédito* le da el derecho de demandar a la agencia de crédito. Usted tiene un plazo de dos años a partir de la fecha en la que es afectado por la omisión voluntaria o negligente de la agencia de cumplir con la ley para presentar una demanda contra la agencia.

Su demanda podría exigir el reembolso de los costos incurridos debido al error, como por ejemplo salario no devengado, honorarios de abogados, costos judiciales, etc., así como la angustia emocional que usted haya sufrido que hubiera sido causada intencionalmente. También puede demandar a una agencia de informes crediticios por daños punitivos debido a actos malintencionados de la agencia en contra suya, o por negarse a transmitirle su propia información de crédito o por proporcionar información falsa sobre usted. Existen otros tipos de demanda posibles que se basan en el incumplimiento por parte de una agencia de informes crediticios de los reglamentos que indican a quién transmitir el informe crediticio. También puede demandar a un acreedor por no haber corregido errores de facturación.

Las leyes que hemos estado mencionando son leyes federales. Muchos estados tienen leyes sobre acreedores y agencias de informes crediticios. Usted también puede entablar una demanda bajo la ley de su estado siempre y cuando satisfaga los requisitos establecidos por la ley.

Usted deberá consultar a un abogado con experiencia en esta área de la ley. Comuníquese con las asociaciones de abogados del condado, municipales y estatales a nivel local para obtener el nombre de un abogado con experiencia en estos casos en su área local. Muchos abogados tramitarán estos tipos de casos a cambio de un honorario anticipado mínimo (o sin exigir honorarios anticipados) y retendrán un porcentaje de lo que usted gane (lo que se conoce como contingencia).

Organice su Correspondencia

Es importante mantener copias de toda su correspondencia y notas sobre todas las llamadas telefónicas. Use un archivo expandible dividido para mantener una sección para cada acreedor, agencia de crédito, o agencia de cobranzas con la que trate. Coloque toda la correspondencia enviada y recibida en el archivo.

También debe mantener un REGISTRO DE CORRESPONDENCIA. (Consulte el formulario 8, página 114.) Complete una sección de este diario cada vez que reciba o envíe correspondencia o hable por teléfono con acreedores, agencias de cobranzas, agencias de informes crediticios, abogados, etc.

Notas

_____

_____

_____

_____

_____

_____

_____

_____

_____

_____

_____

_____

_____

_____

_____

_____

_____

_____

_____

_____

_____

_____

_____

_____

Capítulo 4

Cómo Reducir su Deuda y Disponer de más Dinero en Efectivo

Si tiene más deudas de las que puede controlar, la solución más sencilla es disminuir la cantidad de las deudas que debe pagar. Usted se ha endeudado porque no tiene suficiente dinero para pagar sus deudas. Sin embargo, hay medidas que puede tomar para reducir una porción de su deuda. Al hacerlo, no sólo superará las dificultades económicas, sino que además mejorará sus informes crediticios, especialmente si esto significa que podrá hacer los pagos a tiempo para todas sus obligaciones o la mayoría de ellas.

Dándole Prioridad a sus Deudas

Lo primero que debe hacer es leer su EVALUACIÓN DE DEUDAS para revisar cuidadosamente las obligaciones que contiene. En este formulario, usted debe anotar sus deudas en orden de importancia. El grado de importancia no se determina de acuerdo a quién lo está molestando más con llamadas o cartas. El grado de importancia se determina por qué deuda impactará a su vida negativamente más rápido. Debe pensar en las consecuencias de dejar de pagar, y considerar cuán fácil sería para el acreedor suspender el servicio o recuperar la propiedad.

Por ejemplo, si se retrasa seis meses en el pago de su servicio eléctrico, es probable que la compañía de electricidad no demore en desconectarle el servicio a menos que usted le remita un pago. Si se retrasa dos meses en el pago de su hipoteca, el banco no estará muy contento, pero como la ejecución hipotecaria mediante un remate es un trámite costoso, probablemente el banco preferirá esperar más tiempo. Si no le paga a su médico, él se negará a verlo en el futuro y tal vez hasta lo demande en una fecha futura, pero usted podrá recurrir a otro médico en caso de ser necesario. Probablemente, sus tarjetas de crédito se encuentran en la parte inferior de la lista en lo referente al grado de importancia. Las compañías de tarjetas de crédito podrían mostrarse contrariados al no recibir un pago, pero lo único que le pueden hacer a usted es entablar un juicio. Es un trámite que lleva tiempo y es muy problemático para tales compañías.

Tratativas con sus Acreedores

Al tratar con acreedores, usted deberá mantener
buenos expedientes. Prepare un diario y escriba las
fechas, las horas y los nombres de las personas a contactar para las llamadas telefónicas, así como el estado
de la disputa y cualquier detalle. Incluya la correspondencia por escrito en el diario con la misma
información anotada. (Consulte el formulario 8,
página 114.) De este modo, usted tendrá un expediente de lo que ocurre y podrá averiguar fácilmente
cuándo fue su último contacto y cuál fue el resultado.

Establezca sus Prioridades

Comience con la parte superior de su lista de prioridades
en su LISTA DE DEUDAS POR ORDEN DE PRIORIDAD y
anote cuánto dinero tiene para pagarle al acreedor para
evitar problemas inmediatos. La compañía de electricidad podría conformase con el pago de un solo mes. El
banco podría estar dispuesto a aceptar el 60% del pago
mensual de su hipoteca durante algunos meses. Es posible que usted no sepa cuánto dinero es necesario pagar
hasta que comience a negociar con el acreedor.

Tenga Iniciativa

Muchas personas prefieren esconderse del acreedor y enviar el dinero tan pronto como les sea posible, esperando que eso resuelva el problema. La mejor solución es tener iniciativa. Si no puede hacer un pago, usted deberá llamar antes de que se venza. Si se ha retrasado con el pago, aún así deberá llamar. Llame al acreedor y dígale al representante que usted está teniendo dificultades financieras. Diga cuál es la razón real, como por ejemplo que lo despidieron del trabajo, está tramitando un divorcio, etc. Por otra parte, es recomendable no decir cuál es la razón real si ésta se debe a haber gastado dinero a lo loco o haberse tomado vacaciones durante todo el verano. Su meta es dar la impresión de ser una persona fiable que está atravesando momentos difíciles. Frecuentemente, los acreedores se apiadan de los consumidores con problemas reales, y usted se sorprenderá favorablemente por la reacción que recibirá.

Efectúe Arreglos para un Plan de Pago

Al llamar, sea cortés y firme y actúe con calma. Explique que desea hacer arreglos de pago. Dígales cuánto puede pagar este mes y el mes próximo. Establezca claramente que usted tiene la intención de pagar toda la cantidad en el futuro, aún si éste no es el caso.

También puede considerar la extensión de su plan de pago con pagos menores o la postergación de pagos por un mes. Obtenga todos los planes de pago por escrito. Use la CARTA PARA SOLICITAR UN PLAN DE PAGOS, a efectos de pedir que le envíen un plan de pago por escrito. (Consulte el formulario 13, página 119.)

Establezca su Capacidad de Pago

Antes de llamar a un acreedor, usted debe saber exactamente cuánto puede pagar. Podría ser necesario hacer varias llamadas para conseguir que el acreedor esté de acuerdo con aceptar pagos reducidos. Si le dicen que no, siga llamando hasta que le den una respuesta diferente. Pida hablar con un supervisor si no puede convencer al representante. Explique que desea establecer un plan de pago siempre y cuando el acreedor elimine las referencias negativas en su informe crediticio. Uno de los planes podría consistir en que usted acuerde una cantidad determinada y, si cumple con los pagos durante tres meses, el acreedor cambie la clasificación de su cuenta a un estado neutro y posteriormente a un estado usted continúa pagando durante tres meses adicionales.

La mayoría de los acreedores estarán de acuerdo con aceptar pagos parciales de parte suya. Para los acreedores, recibir una porción del dinero es mejor que no recibir nada. Sin embargo, usted debe estar dispuesto a acudir a ellos y solicitar este tipo de arreglo. Para la mayoría de los acreedores, este tipo de arreglo es más fácil y barato que recuperar la posesión del artículo u obtener un fallo jurídico en su contra.

Negociar

Éstas son algunas de las estrategias que puede usar con ciertos tipos de deuda.

Alquiler

Negocie con el dueño de su vivienda para postergar un pago hasta la terminación del contrato de alquiler. Considere pedir una reducción en la cantidad que paga de alquiler. Ofrézcale efectuar reparaciones a la unidad a cambio de una reducción en el alquiler.

Hipoteca

Explique que pagará tarde y pida que no le cobren cargos por mora. Pídale al prestamista que elabore un plan de dificultad financiera. Existen programas para hacer esto mediante préstamos Fannie Mae (202-752-7000) y Freddie Mac (800-FREDDIE). Un plan común es pagar intereses sólo por un período de tiempo determinado.

Tome en cuenta que una ejecución hipotecaria toma entre seis y dieciocho meses, de modo que usted tiene tiempo de negociar este tipo de préstamo. Tal vez desee refinanciar su préstamo para obtener una tasa de interés menor con pagos menores. También puede refinanciar y obtener un préstamo por un período más largo.

La venta de su casa y el pago del préstamo es otra opción. Usted puede alquilar su casa por la cantidad de la hipoteca y hacer los pagos usando el alquiler mientras vive de una manera más modesta.

Un último recurso es asignarle la casa al banco con un acto de transferencia de propiedad para evitar los costos de ejecución hipotecaria. La deuda es cancelada sin que aparezcan observaciones negativas en su informe crediticio. También puede tratar de convencer al banco para que acepte una venta pre-ejecutoria, mediante la cual usted vende la casa por sí mismo y le da la cantidad recaudada al banco para cancelar la hipoteca.

Servicios Públicos

Considere cambiar a un plan presupuestario. Bajo este tipo de plan, usted paga un promedio mensual de sus cargos anuales, evitando los pagos altos de ciertos meses, o podría establecer un plan de pagos parciales. Siempre y cuando esté efectuando algún tipo de pago, es poco probable que la compañía de servicio público interrumpa su servicio.

Automóviles

Usted puede vender su carro y comprar uno usado. Notifique siempre al prestamista antes de hacer un pago retrasado. Los carros pueden ser recuperados rápidamente. Considere pedir una extensión del préstamo o permiso para diferir un pago. Si tiene un contrato de leasing, termine este contrato temprano. Niéguese a hacer pagos posteriores a la terminación del contrato en base al *Decreto de Leasing para Consumidores*.

Préstamos Estudiantiles

Comuníquese con su prestamista antes de atrasarse en sus pagos.

Pida información sobre:

Indulgencia: El prestamista le permite posponer sus pagos o efectuar reducciones temporales de los mismos.

Aplazamiento: Esencialmente, el préstamo es suspendido
mientras usted esté
inscrito en una escuela,
no pueda encontrar tra-
bajo, tenga dificultades
financieras, esté criando
hijos en edad preesco-
lar, o esté incapacitado
temporal o permanen-
temente.

Consolidación: Usted combina todos
sus préstamos en uno
solo y hace un pago
mensual menor.

Cancelación: Ciertos préstamos federales pueden ser
cancelados completa-
mente si usted está
incapacitado, presta ser-
vicio militar, enseña
ciertas materias o a ciertos tipos de alumnos,
trabaja en un cuerpo
encargado de imponer el

cumplimiento de la ley, ingresa en los Cuerpos de Paz, etc.

Para más información, comuníquese con su prestamista privado o con el Departamento de Educación al 800-621-3115. Al llamar a este número, también le pueden proporcionar un panfleto sobre préstamos estudiantiles.

Impuestos

Al contrario de lo que piensa la gente, el Internal Revenue Service (IRS) está dispuesto a ayudar a los contribuyentes que no pueden pagar sus obligaciones fiscales. Si usted se encuentra en esta situación, comuníquese con su oficina local del IRS para obtener información sobre planes.

Tarjetas de Crédito

Recuerde que el interés seguirá acumulándose en las tarjetas de crédito. Negocie la tasa de interés futura. Pida que sea reducida o eliminada durante cierto tiempo. Si tiene varias tarjetas de crédito, puede transferir los saldos a la tarjeta con la tasa de interés más baja y ahorrar mucho dinero al hacerlo. Frecuentemente, las compañías de tarjetas de crédito están dispuestas a extender planes que le permiten pagar el 70% del saldo a cambio de cancelar la deuda.

Bienes en Garantía

Si ha comprado artículos para su hogar, como por ejemplo muebles o electrodomésticos, y el prestamista tiene un interés de garantía sobre dichos artículos, es importante entender que el prestamista no puede entrar en su casa para recuperar los artículos sin una orden judicial. Por lo tanto, el embargo de los mismos le costaría tiempo y dinero al acreedor. Esto lo beneficia a usted porque es más probable que estos prestamistas se conformen con un acuerdo extrajudicial para no tener que pagar por recuperar los artículos.

Determine cuál es el valor del artículo bajo disputa. Ofrézcale al acreedor un poco menos como oferta de disposición. Si el acreedor debe contratar a un abogado, recurrir a un tribunal, recuperar la posesión del artículo, y después venderlo, la compañía obtendrá menos dinero del que usted ofrece, y su oferta podría ser atractiva. Asegúrese de obtener el acuerdo por escrito y de que cualquier comentario negativo en su informe crediticio por parte de este acreedor sea eliminado como parte del acuerdo.

Es importante recordar que usted obtendrá casi siempre mejores resultados al negociar directamente con un acreedor en vez de hacerlo con una agencia de cobranzas. La agencia de cobranzas está autorizada únicamente para ofrecer ciertas concesiones a los deudores. Si habla directamente con el acreedor, usted podría obtener términos más ventajosos. Si el acreedor no está dispuesto a hablar con usted sobre su deuda, pregunte cuántos pagos debe hacer a la agencia de cobranzas antes de que estén dispuestos a hablar con usted. Algunas agencias de cobranzas compran deudas de los acreedores y tal vez su acreedor original ya no tiene nada que ver con su deuda. Si este es el caso, la agencia de cobranzas puede negociar con usted. Si no está seguro sobre quién es el propietario de la deuda, pregúnteselo al agente de cobranzas, o llame al acreedor original.

Si no está de acuerdo con la cantidad de una deuda, usted deberá hablar sobre esto con su acreedor. La agencia de cobranzas no tendrá ningún expediente aparte de los que indican lo que usted debe actualmente y no puede efectuar ajustes a los errores cometidos por el acreedor.

Elimine Deudas que no son Suyas

Es posible que tenga deudas atribuidas a usted por las cuales no es legalmente responsable. Es posible que haya celebrado un contrato que no es legal, o tal vez tenga contratos que puede disputar, como por ejemplo si compró un carro defectuoso.

> **NOTA:** Usted deberá consultar a un abogado o leer sobre la ley contractual para determinar esto—pero en general trate de determinar si la transacción fue fraudulenta o si el contrato fue extremadamente injusto.

Examine detenidamente sus deudas para detectar si hay alguna por la cual usted no es realmente responsable. También es posible cancelar algunas órdenes o contratos para que usted ya no sea responsable por ellos, como por ejemplo la cancelación de un contrato para cambiar el techo de su casa antes de que el trabajo sea realizado.

Negociando Acuerdos Extrajudiciales

La reducción de pagos mensuales es una medida temporal para aliviar la deuda y mejorar su crédito. El interés sobre la deuda seguirá acumulándose, especialmente al hacer sólo pagos parciales. Para reducir realmente su deuda, usted debe llegar a acuerdos extrajudiciales. Un acuerdo extrajudicial es un contrato con validez jurídica que finaliza su obligación con el acreedor. Estos son algunos ejemplos de acuerdos extrajudiciales que tal vez desee considerar:

Ejemplo: Usted debe $3000 en su tarjeta Visa. La cantidad original que le cargaron fue $1900. El resto de la cantidad se debe a intereses acumulados. Usted se ha retrasado en sus pagos durante seis meses, y sólo ha podido pagar porciones de las cantidades mensuales. La compañía insiste cada vez más en que usted pague la cantidad mensual completa. Usted llama a la compañía y explica que su situación financiera se ha dificultado desde que se enfermó.

Solución: Acuerde pagarles $2000 de la cantidad que debe mediante un acuerdo extrajudicial. La compañía de crédito decide reportar su cuenta como cuenta al día en los pagos a la agencia de informes crediticios.

Ejemplo: Usted perdió su trabajo y no puede cumplir con el pago de su hipoteca. Usted no puede encontrar un empleo y su esposa espera un bebé. Usted no ha pagado su hipoteca en cuatro meses, pero decide comunicarse con el banco y explicar su situación. Es imposible que usted pueda reunir el dinero para hacer los pagos anteriores o actuales de la hipoteca. Usted sabe que, si no paga, el banco efectuará la ejecución hipotecaria de la casa.

El banco lo desalojará, subastará la casa y aceptará un precio menor de lo que realmente vale. La cantidad que debe, y todos los costos de la venta y los procedimientos legales, serán deducidos del precio de venta. El dinero restante le pertenece a usted, pero no recibirá nada a menos que posea una porción alta del patrimonio de la vivienda.

Solución: Usted le dice al banco que le gustaría transferirle las escrituras de la casa como pago de la totalidad de la hipoteca. Usted se liberará de la deuda, no tendrá que hacer pagos y no pagará los costos de venta o ejecución hipotecaria. Este método mantiene limpio su historial de crédito y permite que compre una casa más pequeña y barata una vez que comience a recuperarse.

Estas estrategias básicas se pueden aplicar a cualquier tipo de deuda. Ambas le ofrecen al acreedor menos de la cantidad total debida como pago o le proporciona una garantía hipotecaria como pago total. Si usa una de estas estrategias, usted no sólo eliminará al acreedor y se librará del estrés que siente, sino que además salvará su calificación crediticia. Asegúrese de que el acuerdo extrajudicial estipule que el acreedor está de acuerdo con reportar su cuenta como pagada en su totalidad y eliminar cualquier indicio negativo de su informe crediticio. La mayoría de los acreedores exigirán que usted pague por lo menos el 70% de la deuda antes de eliminar las referencias negativas de su informe crediticio.

Al negociar un acuerdo extrajudicial, usted hace que el acreedor reciba menos de lo que le debe a cambio de un pago inmediato. Los acreedores prefieren recibir dinero en efectivo en vez de insistir en el pago de cuentas durante varios meses o años.

Fuentes de Dinero en Efectivo

Para usar algunas de las estrategias de reducción de deudas descritas anteriormente, usted necesita obtener el dinero para poder celebrar el acuerdo extrajudicial. Recuerde que hay maneras de encontrar montos elevados de dinero en efectivo, pero también es importante obtener o ahorrar montos bajos de efectivo. Siga algunas de estas sugerencias para recaudar o conservar dinero en efectivo.

- Venda sus inversiones.

- Venda otros activos, como por ejemplo lanchas, colecciones de monedas, su segundo carro, joyas, etc.

- Busque una reducción en las obligaciones de manutención de su hijo.

- Pida un aumento de su salario.

- Use el pago de su reembolso de impuestos o pensión alimenticia.

- Obtenga un segundo empleo. Aún los empleos como niñera o jardinero le pueden ayudar a recaudar el dinero que necesita.

- Transfiera los saldos de sus tarjetas de crédito a una tarjeta con una tasa de interés menor.

- Pídale a sus compañías de tarjetas de crédito que eliminen su cuota anual. La mayoría de ellas están dispuestas a hacer esto.

- Obtenga una segunda hipoteca o préstamo sobre el patrimonio de su casa. Use el dinero para pagar sus acuerdos extrajudiciales y volver a pagar el préstamo con el transcurso del tiempo. Únicamente asegúrese de que podrá hacerse cargo de los pagos mensuales.

- Pida dinero prestado a sus parientes o amigos (pero recuerde que un préstamo pendiente puede alterar drásticamente una relación).

- Aumente el deducible de su seguro o reduzca la cantidad de cobertura que tiene.

- Cancele la protección para sobregiros en sus cuentas bancarias. Esto sólo le da una excusa para sobregirar su cuenta.

- Deshágase de los cheques que ha recibido de su compañía de tarjetas de crédito. La tasa de interés para estos préstamos lo arruinará.

- Cancele las coberturas de seguro que ha comprado de sus compañías de tarjetas de crédito. El precio que paga por ellas es excesivo. Si cree que debe tener algún tipo de seguro de vida, compare lo que le ofrecen los agentes de seguros locales.

- Cancele los seguros contra robo o pérdida de tarjetas de crédito que haya comprado. Usted no los necesita, porque solo es responsable por los primeros $50 usados en una tarjeta después de reportarla como robada o extraviada.

- Retire dinero de sus cuentas bancarias en el banco y no usando los cajeros automáticos, donde tal vez le cobran cargos.

- Organice una venta de artículos de segunda mano (garage sale).

- Venda artículos a una casa de empeño. Tenga en cuenta que al hacerlo probablemente recibirá únicamente alrededor del 50% del valor del artículo.

- Venda artículos a una tienda de consignación.

- Intercambie bienes y servicios, como por ejemplo reparar el carro de su vecino a cambio de un corte de pelo.

- Recorte cupones, aproveche los descuentos en las tiendas y use los cupones de reembolso (rebates).

- Convierta a uno de sus pasatiempos en un negocio lucrativo. Venda pasteles hechos en casa a un restaurante local, o pajareras que usted mismo construya en un mercado al aire libre (de pulgas).

- Venda su carro y cómprese uno usado más barato o recurra al transporte público hasta que pueda pagar por uno nuevo.

- Venda su casa y cómprese una más pequeña y barata.

- Múdese a la casa de familiares o amigos temporalmente para ahorrarse el pago de alquiler.

- Solicite asistencia pública si está desempleado o incapacitado. Este dinero no será suficiente ni para obtener un acuerdo extrajudicial de tamaño moderado, pero permitirá que usted compre artículos de primera necesidad.

- Cancele su servicio de cable.

- Devuelva los artículos que ha comprado pero que no necesita. Haga que le devuelvan su dinero si tiene el recibo. De lo contrario, obtenga más crédito para comprar las cosas que sí necesita.

- Pida libros prestados de la biblioteca en vez de comprarlos.

- Alquile videos en vez de ir al cine.

- Cocine en casa en vez de comer afuera.

- Póngase a dieta.

- Haga sus propias reparaciones, lave su propia ropa o proporciónese otros servicios a sí mismo.

- Sugiera a sus hijos adolescentes que consigan empleo y contribuyan a los gastos de la casa.

- Compre productos de marcas genéricas en vez de marcas de renombre.

- Plante un huerto de legumbres en su casa.

- Hágase miembro de un club mayorista y compre en grandes cantidades. Divida las cantidades grandes con sus amigos.

- Use una manguera en vez de ir al lavado de carros.

- Trasládese en carro con otras personas tomando turnos para no tener que manejar su carro en todo momento.

- Use transporte público para ir al trabajo en vez de manejar.

- Monte en bicicleta o, de ser posible, camine para trasladarse de un lugar a otro.

- Cancele su servicio de larga distancia.

- Apague las luces al salir de un cuarto de su casa.

- Baje la calefacción durante la noche y al salir de su casa.

- Abra las ventanas en vez de usar el aire acondicionado.

- Use métodos de control de natalidad para evitar embarazos no deseados.

- Mantenga el dinero en efectivo extra en una cuenta de ahorro que le permita ganar intereses.

- No compre nada que no necesite.

- Deje de tomar bebidas alcohólicas o fumar.

- Lleve al trabajo café y su almuerzo preparado en su casa.

- Deje de donar dinero a instituciones de caridad hasta que esté en condiciones para hacerlo.

- Reduzca drásticamente la cantidad de regalos que da.

- Cancele sus suscripciones a periódicos y revistas.

- Compre artículos en tiendas de segunda mano.

- Acepte las prendas usadas que les ofrecen a sus hijos.

- Cancele sus tarjetas de crédito para no cargar más de lo que puede pagar.

- Pida que le deduzcan menos de su cheque par el pago de los impuestos (pero asegúrese de que no deberá dinero).

- Cancele su cuenta de Internet e inscríbase en un servicio gratuito o en una compañía que le pague a usted por navegar la Web.

- Aprenda cómo crear un presupuesto y adjustarse a él.

- Averigüe si califica para recibir asistencia de un depósito de comida benéfico local o de otra institución de caridad.

Problemas con Juicios y Gravámenes

Si ha estado teniendo problemas con sus deudas por algún tiempo, es posible que exista un fallo jurídico en su contra. Un fallo es una orden judicial que específica que usted tiene que pagar la cantidad que debe. Un fallo le da al acreedor el derecho de embargar su salario o sus activos. Un gravamen es una orden judicial que le da al acreedor un interés en una porción de propiedad que usted posee. Si algún día vende la propiedad, usted debe pagarle al acreedor con el dinero que reciba de la venta de la propiedad. Usted tiene el derecho de entablar un juicio para disputar este derecho.

NOTA: Si no tiene el dinero para pagarle a un abogado, comuníquese con su Asociación de Asistencia Local para que lo ayuden. Muchas asociaciones legales cuentan con abogados que proporcionan ayuda legal como voluntarios a personas que no tienen el dinero para pagar este servicio. Llame a la asociación legal local de su condado o ciudad para indagar sobre esto.

Es importante entender que una vez que se ha dictaminado un embargo contra su propiedad, la única manera de anularlo es mediante el pago del dinero debido o llegar a un acuerdo extrajudicial con el acreedor.

Aún si han comenzado los procedimientos judiciales, todavía queda tiempo para llegar a un acuerdo extrajudicial. Diríjase al abogado de su acreedor (si usted tiene un abogado, esa persona hará esto por usted) y ofrezca resolver el caso a cambio de cierta cantidad de dinero. Comience con 40% del monto total que debe. Esto le ahorrará tiempo y dinero en costos legales al acreedor.

Una vez que un tribunal decida que usted debe total o parcialmente la cantidad que solicita el acreedor, se emitirá un fallo o gravamen en su contra. Esto podría incluir el decomiso de su salario (reteniendo una porción de su cheque de pago) y el embargo de sus activos y cuentas bancarias. Después de que se emite el fallo o embargo, usted todavía puede comunicarse con su acreedor para llegar a un acuerdo extrajudicial. El acreedor podría aceptar porque embargar activos, tramitar la orden de embargo, y decomisar su salario puede ser costoso y lento. Asegúrese de que, si arregla extrajudicialmente el fallo de este modo, el acreedor procese la documentación en el tribunal indicando que está conforme con la manera en la que concluyó el fallo.

Constancia de Pago

Ya sea que usted llegue a un acuerdo extrajudicial con su acreedor antes, durante o después de un caso judicial o pagar un fallo en su totalidad, usted deberá asegurarse de recibir un comprobante de pago. Al llegar a un acuerdo extrajudicial, usted no debe enviar ningún dinero hasta tener un documento legal en sus manos que indique los términos del acuerdo extrajudicial. Guarde una copia para usarla como referencia. Efectúe el pago después de firmar este documento y solicite un recibo o comprobante de pago por parte del acreedor. Guarde estos documentos.

En caso de llegar a un acuerdo extrajudicial o pagar un fallo, el acreedor es responsable de procesar un finiquito de fallo con el tribunal, indicando que usted ha pagado completamente la cantidad que debe. Si no recibe una copia solicítela una. Tal vez sea necesario insistirle constantemente al acreedor para que tramite este documento porque frecuentemente esto no goza de alta prioridad. Si usted debe impuestos, es posible que el IRS haya emitido un gravamen fiscal en su contra. Solicite un Certificado de Finiquito del Embargo Fiscal Federal del IRS por cada embargo en contra suya que haya pagado en su totalidad. Tome las medidas necesarias para que las agencias de informes crediticios se comuniquen con el IRS a efectos de verificar el finiquito de los embargos.

Cierre de sus Cuentas

Si debe una cantidad considerable y muchas de sus cuentas están reportándolo a usted como consumidor infractor a las agencias de informes crediticios, tal vez desee cerrar todas sus cuentas de tarjeta de crédito. Al cerrar una cuenta, usted sigue siendo responsable por todos los cargos e intereses anteriores sobre la cuenta, pero al mismo tiempo evita que se agreguen más cargos a la cuenta y empeore su situación.

Capítulo 5

Cómo Obtener Ayuda

Buscar ayuda para resolver sus problemas no tiene nada de malo. ¿Cuándo es posible que necesite ayuda? Probablemente usted necesite ayuda si no tiene suficiente dinero para hacer aunque sea, pagos menores en sus cuentas. Quizás necesite ayuda si no puede preparar un presupuesto o si lo puede preparar pero no puede ajustarse a él aun cuando hace todo lo posible por lograrlo. Usted necesita ayuda si su informe crediticio contiene errores y, o no puede hacer que se los corrijan según, o si usted ha llegado hasta el límite en cuanto a tratar de corregirlos usted mismo. Si corre el riesgo de perder su casa o su carro y no tiene dinero suficiente para sobrevivir, usted necesita ayuda.

¿A Quién Recurrir?

Si corre el riesgo inminente de perder su casa o se encuentra en otra situación de emergencia, piense en recurrir a un abogado para tratar sobre la declaración de bancarrota según se describe más adelante. Si se siente muy deprimido o experimenta tendencias suicidas, usted debe obtener ayuda de un profesional de la salud mental. No se avergüence de estas situaciones. Tomando en cuenta las dificultades que ha enfrentado, esto es una reacción normal. Si se encuentra en una situación en la que no tiene dinero y no puede pagar por los artículos de primera necesidad, debe buscar la asistencia de su departamento local de servicios sociales.

Entidades que lo Pueden Ayudar

Existen agencias que lo pueden ayudar a controlar su deuda.

Asesoría de Crédito para Consumidores

El Servicio de Asesoría de Crédito para Consumidores (CCCS, por sus siglas en inglés) es la más conocida. Ésta es una corporación sin fines de lucro financiada por acreedores. El CCCS puede ayudarlo a elaborar un plan de pago para controlar toda su deuda. Básicamente, el CCCS negocia con los acreedores en su nombre para reducir los intereses o los pagos. Su deuda es organizada en un pago mensual menor que el total de sus obligaciones mensuales regulares. Esta agencia también procura impartir instrucción financiera y crediticia a sus clientes con el fin de evitar problemas en el futuro. Usted paga un honorario mensual pequeño al CCCS por el servicio. Su informe crediticio no incluirá nada que indique que usted se ha comunicado con esta agencia. Sin embargo, debe estar consciente de que el CCCS no puede reducir su deuda y que requiere que usted pague todas sus deudas en su totalidad. Si no cumple con los pagos, sus acreedores tomarán acciones para cobrar. Tome en cuenta que podría haber una lista de espera en el CCCS, y también que el plan de pago que le establecen podría durar un máximo de 42 meses.

Comuníquese con el CCCS marcando el 800-388-2227 o busque el número de teléfono de la oficina más cercana en la guía telefónica, o mediante:

www.consumercounseling.com

Consumer Counseling Centers of America es una organización similar al CCCS y usted puede comunicarse con ella marcando el 202-637-4851, o en:

www.consumercounseling.org

Instituto de los Consumidores Educación Financiera

Otra organización que debe considerar es el Instituto de los Consumidores Educación Financiera. Ésta es una entidad sin fines de lucro que trabaja con los consumidores para ayudarlos a administrar, invertir, ahorrar y gastar dinero de manera razonable. Esta organización publica boletines mensuales y un paquete informativo sobre tarjetas de crédito disponibles. Comuníquese con tal organización marcando el 619-239-1401, o en:

www.icfe.org

Better Business Bureau

Better Business Bureau puede ayudarlo con sus quejas y reclamaciones respecto a comercios, reparación de crédito, o agencias de informes crediticios que son miembros de la asociación. Busque el número de la oficina local en la guía telefónica. La dirección de la oficina nacional es:

4200 Wilson Blvd.
Ste. 800
Arlington, VA 22203-1838

Centro Nacional de Información sobre Fraudes

El Centro Nacional de Información Sobre Fraudes puede proporcionar asistencia a consumidores que han sido víctimas de fraude por parte de organizaciones de reparación de crédito. Comuníquese con este centro marcando el 800-876-7060, o a través de:

www.fraud.com

Autoridades Bancarias Estatales

Las autoridades bancarias estatales regulan y supervisan a los bancos constituidos en el estado. Muchas también se encargan de problemas con otras instituciones financieras. Estas agencias pueden contestar preguntas sobre crédito y también sobre banca. Comuníquese con su agencia estatal para averiguar exactamente qué servicios le pueden ofrecer.

Otras Fuentes de Ayuda

También puede obtener información del gobierno federal sobre los programas y servicio que ofrece en:

www.pueblo.gsa.gov

Un sitio en la Web que contiene mucha información sobre crédito y deuda es:

www.creditpage.com

Si desea información legal más allá de lo que ofrece este libro, diríjase al sitio **www.findlaw.com**. Todos los estatutos federales y estatales se pueden encontrar en este sitio web, así como muchos fallos jurídicos. Si necesita asistencia legal pero no puede pagar los honorarios de un abogado, es posible que reúna los requisitos para recibir servicios legales gratuitos. Comuníquese con Legal Services Corporation (202-336-8800 o el 202-336-8959, dirección electrónica **www.lsc.gov**) o la *Asociación Nacional de Defensa y Asistencia Legal* (202-452-0620, dirección electrónica **www.nlada.org**).

El sitio **www.creditguide.com** incluye una sección sobre cómo crear buen crédito.

El sitio **www.debtwizards.com/consolidate.html** proporciona información sobre cómo consolidar sus deudas.

El sitio **www.freecreditanalyzer.com** ofrece análisis de crédito.

El sitio **www.quicken.com/shopping/parenting** tiene un planificador de reducción de deuda y otras herramientas de cálculo.

Otras Agencias de Reparación de Crédito

Hay muchas compañías que anuncian que pueden ayudarle a reducir o eliminar sus deudas y reparar fácilmente sus problemas de crédito. Debido a que estas compañías tienen un historial de ser poco honradas, el *Decreto de Organizaciones de Reparación de Crédito* fue aprobado por el Congreso para tratar de controlar algunos de los problemas que han ocurrido con estos tipos de compañías. Bajo este decreto, es ilegal que una de esas agencias aconseje a un consumidor alterar su identificación (como por ejemplo usar un nombre diferente para obtener crédito) y ocultar información exacta en un informe crediticio.

Las agencias de reparación de crédito no pueden aceptar ningún pago antes de trabajar para un consumidor y también deben darle a cada cliente una declaración de sus derechos. Usted tiene el derecho de cancelar cualquier contrato que haya firmado con la agencia de reparación de crédito dentro de un período de tres días después de firmarlo. Si una agencia le pide que le pague por adelantado, no le da una declaración de sus derechos, o sugiere que usted use un nombre o identidad diferente para obtener crédito, usted debe rechazar sus servicios y denunciarla a las autoridades locales. Si participa en cualquier actividad ilegal con una agencia de reparación de crédito, aún si tal actividad ha sido idea del personal de la agencia y ellos le proporcionan la documentación, usted podría ser llevado a juicio y estar expuesto a que lo encarcelen.

En general , usted debe desconfiar de cualquier persona que le promete soluciones rápidas y fáciles para sus problemas de crédito. No hay nada que una agencia de reparación de crédito pueda hacer que usted no pueda hacer por sí mismo. El proceso de reparación de crédito no funciona por arte de magia y no hay nada tan altamente técnico como para que el consumidor promedio no lo pueda realizar. No permita que nadie lo presione a hacer cosas que usted cree que no son honradas o posiblemente son ilegales.

Agencias Gubernamentales

Las agencias gubernamentales como la Comisión Federal de Comercio (FTC, por sus siglas en inglés), o la oficina del Fiscal General del estado (en la sección gubernamental de su guía telefónica) puede ayudarlo si necesita información sobre las leyes de crédito o si usted está experimentando dificultades tratando con un acreedor o agencia de informes crediticios. La FTC mantiene expedientes sobre agencias de informes crediticios y puede enjuiciarlas si violan la ley. Si usted tiene una queja contra una agencia de informes crediticios, debe notificarlo siempre a la FTC. Es poco probable que esta comisión se involucre en su situación particular, pero la información que les proporcione puede ayudarlos si parece que hay una tendencia continua de problemas con una agencia. Puede comunicarse con la FTC a la siguiente dirección:

Federal Trade Commission
6th and Pennsylvania Avenue NW
Washington, D.C. 20580
www.FTC.gov

Notas

Capítulo 6
De Cara al Futuro

Mucha, muchísima gente tiene dificultades para pagar sus deudas, en un momento u otro de su vida. Usted no es el único ni la única. Es posible que haya caído en tal situación debido a penurias inesperadas, tales como divorcio, enfermedad, ceses o despidos. Es importante aceptar que la vida presenta algunos sucesos negativos suelen ocurrir y que lo mejor que se puede hacer es enfrentarse a las consecuencias. Concéntrese en el futuro. Trace planes para saber de qué manera va a salir adelante y procure cumplirlos.

Si ha caído en tales situaciones debido a sus propios errores, reflexione sobre lo ocurrido, piense de qué manera puede modificar su propio comportamiento y sus hábitos, y tome las medidas necesarias. Quizá descubre que padece de una compulsión a gastar. Si tal es su caso, consulte a un profesional de la salud mental o a un profesional de la gestión de deudas. Posiblemente el problema es que, sencillamente, usted se maneja muy mal con los números. Pídale a su cónyuge o a un buen amigo que le ayude a cumplir su presupuesto. No tenga reparo en solicitar ayuda a otras personas.

Al planear su futuro, piense que el dinero es una herramienta importante pero también peligrosa que debe utilizarse con cautela.

Apéndice

Formularios

EVALUACIÓN DE DEUDAS

Complete los espacios en blanco haciendo una lista de todas sus deudas mensuales. Calcule los totales de las dos últimas columnas a fin de determinar el total de sus deudas mensuales.

NOMBRE DEL ACREEDOR	NÚMERO DE CUENTA	TOTAL ADEUDADO	PAGO MENSUAL

Cantidad total que usted debe:_____

Total de pagos mensuales
    que debe efectuar:_____

EVALUACIÓN DE BIENES

Sueldo/salario:

Cantidad mensual que gana: _____

Cantidad anual que gana: _____

Otros ingresos (manutención infantil,
               pensión alimenticia, etc.): _____

Cantidad mensual:_____

Cantidad anual: _____

Total de ingresos:

Mensual: _____

Anual: _____

Otros bienes: incluya una lista con cada bien o propiedad, indicando el número de cuenta (si corresponde) y el valor (cuánto dinero).

NOMBRE	NÚMERO DE CUENTA	VALOR
_____	_____	_____
_____	_____	_____
_____	_____	_____
_____	_____	_____
_____	_____	_____
_____	_____	_____
_____	_____	_____
_____	_____	_____
_____	_____	_____
_____	_____	_____
_____	_____	_____

Valor total de los otros bienes: _____

EVALUACIÓN DE TOTALES

Mensual

Ingreso mensual total: _____

Total de las deudas mensuales:_____

Reste las deudas de los bienes
  y obtenga este total: _____

Si el número es negativo, resulta claro que usted tendrá que efectuar algunos cambios. Si el número es positivo pero no suficiente para pagar gastos básicos—alimentación, gasolina, etc.—también tendrá que efectuar cambios.

Total de bienes: _____

Total de deudas:_____

Compare ambas cifras. Si sus bienes suman más que sus deudas, usted está en una situación buena o aceptable. Si sus deudas son mayores que sus bienes, queda claro que le hace falta tomar medidas para corregir tal situación.

CARTA DE RÉCLAMO POR PRÁCTICAS DE COBRANZAS INCORRECTAS

_____ (su nombre y dirección)

_____

_____

_____ (nombre y dirección del acreedor
o de la agencia de cobranzas)

_____

_____

_____ (fecha)

Estimado(a) señor/señora:

Me dirijo a usted para informarle que en sus tratativas conmigo, su agencia/compañía ha infringido la Ley Imparcial Federal de Prácticas de Cobranzas (ley federal). El(los) incidente(s) ocurrió en fecha _____, de la manera siguiente:

_____

_____

_____

_____

_____.

Por la presente le solicito que tome las medidas necesarias para modificar tales prácticas. Asimismo, remitiré una fotocopia de esta carta a la Comisión Federal de Comercio y al Fiscal General del Estado.

Atentamente,

cc: Comisión Federal de Comercio
    Fiscal General del Estado

CARTA PARA SOLICITAR INFORME CREDITICIO

_____ (su nombre y dirección)

_____

_____

_____ (nombre y dirección del la agencia
de informes crediticios)

_____

_____

_____ (fecha)

Estimado(a) señor/señora:

Me dirijo a usted para solicitarle una copia de mi informe crediticio.

__ Me han rechazado solicitudes de crédito o de empleo en los últimos 60 días en base a mi informe crediticio y por tal motivo les solicito una copia gratuita.

-o-

__ Adjunto $__ según se requiere en el estado donde resido y solicito que me envíe mi informe crediticio. A efectos de verificar datos, utilice la siguiente información:

No. de seguro social: _____

Empleo actual: _____

Mi última dirección anterior: _____

Nombre y número de una de mis tarjetas
de crédito:_____

Favor de remitir mi informe crediticio a la dirección arriba indicada.

Atentamente,

CARTA PARA SOLICITAR LA FUSIÓN DE SU INFORME CREDITICIO CON EL DE SU CÓNYUGE

_____ (su nombre y dirección)

_____

_____

_____ (nombre y dirección del la agencia de informes crediticios)

_____

_____

_____ (fecha)

Estimado(a) señor/señora:

Favor de combinar en uno solo mi informe crediticio con el de mi cónyuge.

Mi número de Seguro Social: _____

Número de expediente o informe crediticio
   de su agencia: _____

Nombre de mi cónyuge: _____

Número de Seguro Social
   de mi cónyuge: _____

Atentamente,

CARTA A UN ACREEDOR CON RESPECTO A UN ERROR DE FACTURACIÓN

_____ (su nombre y dirección)

_____

_____

_____ (nombre y dirección del acreedor)

_____

_____

_____ (fecha)

Estimado(a) señor/señora:

Recientemente recibí una cuenta enviada por su empresa, en la cual hay un error.

Mi número de cuenta es el   _____.

El punto incorrecto es _____ por valor de $_____ con fecha _____.

Este dato es incorrecto porque indica_____ _____ y debería indicar _____.

Le agradecería si pudiera corregir este punto y enviarme una copia del informe una vez que haya sido corregido.

Atentamente,

REGISTRO DE CORRESPONDENCIA

Fecha	Nombre de la empresa	Nombre de la persona a contactar	Número de cuenta o asunto	Tipo de correspondencia	Medida	Medidas a tomar
1.						
2.						
3.						
4.						

CARTA PARA SOLICITAR QUE SE CORRIJA UN ERROR EN EL INFORME CREDITICIO

_____ (su nombre y dirección)

_____

_____

_____ (nombre y dirección del la agencia de informes crediticios)

_____

_____

_____ (fecha)

Estimado(a) señor/señora:

Recientemente recibí una copia de mi informe crediticio enviada por su agencia. El número de mi expediente o del informe crediticio es el _____. Al examinar mi informe he observado el(los) siguiente(s) error(es):

1 _____

Este dato es incorrecto porque indica _____

y debería, en cambio, indicar _____.

2._____

Este dato es incorrecto porque indica _____

y debería, en cambio, indicar _____.

3._____

Este dato es incorrecto porque indica _____

y debería, en cambio, indicar _____.

Le agradecería que estos errores fueran corregidos. Espero recibir sus noticias dentro de los próximos 30 días.

Atentamente,

CARTA PARA SOLICITAR UNA EXONERACIÓN

_____ (su nombre y dirección)

_____

_____

_____ (nombre y dirección del acreedor)

_____

_____

_____ (fecha)

Estimado(a) señor/señora:

Me dirijo a usted respecto a mi cuenta número _____, respecto a la cual se dictó una sentencia en favor de su compañía en fecha _____, por la cantidad de $_____. La cantidad dispuesta por esta sentencia fue pagada por completo y le solicito que su compañía inmediatamente complete y presente una exhoneración formal ante el tribunal. Favor de enviarme una copia de la exhoneración y remitírsela también a la agencia de informes crediticios.

Atentamente,

CARTA PARA SOLICITAR
LA INCLUSIÓN DE CUENTAS

_____ (su nombre y dirección)

_____

_____

_____ (nombre y dirección del la agencia de
informes crediticios)

_____

_____

_____ (fecha)

Estimado(a) señor/señora:

Recientemente recibí una copia de mi informe crediticio (su
número de expediente o informe crediticio es el _____)
enviada por su agencia. He observado que varias de mis cuentas no
aparecen en el informe. Dado que dichos informes gozan de excelente historial de pagos, le agradecería si pudiera incluirlos en varias
de mis cuentas no aparecen en el informe. Dado que dichos
informes gozan de excelente historial de pagos, le agradecería si
pudiera incluirlos en mi informe crediticio. A continuación se indican los nombres, direcciones, y números de cuenta de los
acreedores. Adjunto copias de mis pagos más recientes relacionados
con dichas cuentas a efectos de que su agencia pueda verificarlos.

Nombre del acreedor   Dirección   Número de cuenta

Sírvase notificarme cuando se incluyan los referidos datos.

Atentamente,

CARTA PARA SOLICITAR
QUE SE AÑADA INFORMACIÓN

_____ (su nombre y dirección)

_____

_____

_____ (nombre y dirección del la agencia
de informes crediticios)

_____

_____

_____ (fecha)

Estimado(a) señor/señora:

Recientemente recibí una copia de mi informe crediticio (su número de expediente o informe crediticio es el _____) enviada por su agencia. Quisiera que se incluyeran en mi informe los datos que figuran a continuación. Estos datos no están incluidos en el informe actual, demuestran estabilidad y, por lo tanto, harían que mis informes fueran más favorables. Le agradeceré su colaboración al respecto.

_____

_____

_____

_____

_____

Atentamente,

CARTA PARA SOLICITAR UN PLAN DE PAGOS

_____ (su nombre y dirección)

_____

_____

_____ (nombre y dirección del acreedor)

_____

_____

_____ (fecha)

Estimado(a) señor/señora:

Soy el titular de la cuenta número _____. He estado experimentando algunas dificultades financieras que me han ocasionado problemas para efectuar los pagos correspondientes a esta cuenta. Tengo toda las intenciones de pagarle el total adeudado pero en este momento, mi situación económica no me permite pagar la referida cuenta. Por tal motivo, quisiera negociar un plan de pagos de la manera siguiente:

_____

_____

_____.

Quisiera proponerle, también, que en el marco de dicho plan, usted reporte la siguiente información respecto a mi cuenta a las agencias de informes crediticios:

_____

_____

_____.

Tenga a bien responder a esta propuesta por escrito dentro de los próximos 14 días.

Atentamente,

El Autor

Brette McWhorter Sember recibió su título de Doctora en Leyes (J.D. por sus siglas en inglés) en la Universidad Estatal de Nueva York en Buffalo. Abandonó su ajetreado ejercicio de la abogacía en un bufete jurídico de Nueva York y ahora es escritora a tiempo completo.

Ha escrito numerosos libros jurídicos de autoayuda, incluyendo *How to File for Divorce in New York* (Cómo tramitar un divorcio en Nueva York), y a menudo escribe artículos de derecho para diversas revistas y sitios Web. Vive en el oeste del estado de Nueva York con su esposo y dos hijos.

- 1-57248-350-4
- 6 x 9
- 208 páginas
- $16.95

Estadísticas recientes indican que casi 6.7 millones de personas reciben pagos administrados federalmente de los ingresos del Seguro Social en el período de un mes. ¿Cuántas de esas personas recibieron realmente el dinero que ganaron?

- 1-57248-187-0
- 8½ x 11
- 176 páginas
- $21.95

Si ha sido víctima de un crimen recién, ha comenzado a involucrarse con el Sistema Judicial. Como víctima de un crimen tiene ciertos derechos y obligaciones dentro del Sistema de Justicia Criminal, y fuera del proceso criminal tiene oportunidades para buscar justicia, a través de litigios en la Corte Civil.

- 1-57248-400-4
- 6 x 9
- 224 páginas
- $16.95

Desde el comienzo del proceso de inmigración hasta la naturalización, *Inmigración y ciudadanía en los EE.UU. Preguntas y Respuestas* le provee indicaciones muy fáciles para comprender, sino todas, muchas de las preguntas relacionadas con temas de inmigración y ciudadanía que ocasionalmente usted pudiera tener.

- 1-57248-475-6
- 8½ x 11
- 248 páginas
- $24.95

¿Tiene usted parientes o amigos que desean inmigrar a los Estados Unidos? ¿Esta usted considerando hacer una inversión comercial o el estreno de una sucursal de su empresa en los Estados Unidos? No es fácil entrar a los EE.UU. Se require cumplir con diversos y complejos reglamentos. Si el solicitante desconoce los requisitos del régimen administrativo, es muy probable que no consiga ingresar a los EE.UU.

- 1-57248-253-2
- 8½ x 11
- 264 páginas
- $22.95

Esta *Guía Esencial para los Contratos de Arrendamiento de Bienes Raíces* le proveerá toda la información que usted necesita para comprender y negociar contratos desde todo punto de vista. Este libro emplea un lenguaje simple para ayudarle a decodificar una gran cantidad de cláusulas y estatutos que forman los tan largos y complicados contratos que se utilizan hoy día.

- 1-57248-186-2
- 6 x 9
- 256 páginas
- $18.95

Sus beneficios del Seguro Social pueden ser fundamentales para su bienestar. Escrito por un abogado y ex representante de la Administración de Seguro Social, el Manual de beneficios del Seguro Social le proporciona toda la información fidedigna necesaria para comprender en qué consisten sus beneficios y aprovecharlos al máximo.

- 1-57248-474-8
- 8½ x 11
- 376 páginas
- $24.95

Inmigración a los EE.UU. Paso a Paso está destinado a ayudarle a orientarse a través de los complejos y a menudo confusos tramites de inmigración. Desde las explicaciones básicas sobre los requisitos de elegibilidad a la documentación requerida, y desde la entrevista con el personal del USCIS hasta el tribunal de inmigración, esta guía ofrece la información necesaria para efectuar con éxito una solicitud de visa.

- 1-57248-147-1
- 8½ x 11
- 232 páginas
- $24.95

Un divorcio puede ser la experiencia más costosa y dolorosa de su vida. Ya sea que usted decida contratar a un abogado o no, protéjase enterándose de toda la información que necesita saber sobre las leyes de divorcio y sus derechos legales.

- 1-57248-148-X
- 8½ x 11
- 152 páginas
- $16.95

Sin testamento válido, los tribunales podrían adjudicar su herencia o la custodia de sus hijos a personas que usted no aprobaría. Evítele a su familia sufrimientos innecesarios dejándoles un testamento detallado, sin los gastos y tardanzas que implica contratar a un abogado. Cómo hacer su propio testamento contiene informaciones sencillas y todo lo necesario para hacer su propio testamento.